순론
노트

김준곤 지음

민족복음화와 영적승법번식을 위한 전도 전략

순출판사

"민족의 가슴마다
피 묻은 그리스도를 심어
이 땅에 푸르고 푸른
그리스도의 계절이 오게 하자!"

저자 소개

김준곤 목사

유성 김준곤 목사(1925. 3. 28.~2009. 9. 29.)는 조선대 문학과, 장로회신학교, 미국 풀러신학교를 거쳐 전북대학교에서 명예문학박사, 미국 서남침례신학대학에서 명예신학박사, 세종대학교에서 명예교육학박사 학위를 받았다. 광주숭일중고등학교 교목 및 교장을 역임했으며, 풀러신학교 유학 시절 CCC 설립자 빌 브라이트 박사를 만나 1958년 한국CCC를 창설하고 대학생 선교 운동을 시작했다. 1974년에는 한국 교회 사상 전무후무한 5박 6일, 32만 명 전도합숙훈련인 EXPLO'74를 성공적으로 개최해 민족복음화운동을 주도했다. 또한 1990년에는 대학생 3천 명을 필리핀 마닐라에 단기선교로 파송함으로 한국 교회 단기선교운동의 산파 역할을 감당하기도 했다. 1991년에는 사랑의장기기증운동본부를 설립했으며, 1998년부터 2006년까지는 우리민족서로돕기운동 상임공동대표를 맡아, 젖염소보내기운동을 펼치는 등 북한 주민 돕기에도 앞장섰다. 이런 공로에 힘입어 2002년 12월 30일에는 국민 훈장 모란장을 수여받기도 했다. 반세기에 걸쳐 한국 교계에 끼친 그의 영향은 이루 말할 수 없으며 그가 훈련시킨 대학생 수는 45만 명에 이른다. 향년 84세로 2009년 9월 29일에 주님 품에 안겼다.

저서로는 『예수칼럼』, 『김준곤 문설집』, 『김준곤 명상』, 『김준곤 예화』, 『김준곤 설교 Ⅰ·Ⅱ』, 『영원한 첫사랑과 생명언어』, 『리바이벌』 등이 있다.

추천사

1971년에 『순론노트』 초판이 발행된 이후 반세기가 흘렀습니다. 순론노트를 펼칠 때마다 "민족의 가슴마다 피 묻은 그리스도를 심어 이 땅에 푸르고 푸른 그리스도의 계절이 오게 하자!"라고 외치셨던 김준곤 목사님의 목소리가 들리는 듯합니다. 『순론노트』에는 하나님께서 김준곤 목사님을 통해 CCC에 주신 정신이 고스란히 담겨 있습니다. 『순론노트』를 읽으면 민족복음화에 대한 마음이 뜨거워지고, 순이 어떤 모습이어야 할지 깊이 생각하게 됩니다.

하지만 시대가 변하면서 『순론노트』 개정에 대한 목소리도 높아졌습니다. 김준곤 목사님의 민족복음화와 순에 대한 비전을 다음 세대에게 전수하고 싶지만 다음 세대가 이해하기에는 문체와 어휘 등이 어려운 것도 사실이었습니다. 그래서 다음 세대가 보다 이해하기 쉽고, 친숙하게 볼 수 있도록 개정판을 내게 되었습니다. 사실 개정 작업은 2010년부터 시작됐습니다. 그동안 네 분의 간사님을 중심으로 읽기 쉽게 원고 수정 작업이 진행됐었는데, 이제야 비로소 그 수고가 빛을 발하게 됐습니다.

이번 『순론노트』 개정판이 보다 많은 사람에게 읽혀서 민족복음화와 세계 선교를 꿈꾸는 주의 청년들이 들풀처럼 일어나는 계기가 되기를 기도합니다.

박성민 목사 (한국CCC 대표)

Contents

**순론
노트**

저자 소개 … 4

추천사 … 5

1장. 순의 원형, 불덩어리가 굴러다니는 것 같이 … 8

2장. 순의 비전, 민족 전체가 순의 그물코에 걸리게 … 20

3장. 순의 개념, 이새의 줄기에서 뻗어 나온 연한 순 … 28

4장. 순의 역할, 주님이 제자들의 발을 씻어 주신 것처럼 40

5장. 순의 목적, 전도와 육성과 파송이라는 전략적 방법으로 54

6장. 순의 증거, 천지가 뒤집히고 생사를 걸 만큼 62

7장. 순의 모험, 인생의 제로점 체험 거지 순례 전도 74

8장. 순의 전략, 비상사태 이상의 긴급함으로 78

참고. 순의 구조 96

1

손의 온형, 불덩어리가 굴러다니는 것같이

순의 원형,
불덩어리가
굴러다니는 것 같이

순의 원래 모습은 예수님이 열두 제자를 택하여 같이 자고 같이 먹고 같이 기도하고 가르치며 항상 같이 사시면서 그들을 키워 파송한 데서 그 원천을 찾을 수 있다. 주님은 제자들에게 "온 천하로 가서 모든 족속으로 제자를 삼으라"고 명령하셨는데 그 제자들이 가서 30배, 60배, 100배의 열매를 맺어 기하급수적으로 번식할 것을 기대하셨다.
순은 지상명령 성취의 소명에 따라 민족을 완전 복음화 한다는 비전을 가지고, 그 목표를 정한 기한에 성취하기 위해 조직적이고 집약적인 전략으로서 만들어졌다. 순장은 처음부터 긴급 명령인 복음화에 전면 전투의 장교로 부름을 받아 투철한 소명을 전제로 출발해야 한다.

'민족의 가슴마다 피 묻은 그리스도를 심어 이 땅에 푸르고 푸른 그리스도의 계절이 오게 하자.' 이것은 1971년 8월 1일부터 5일까지 대전 충무체육관에서 1만여 명이 모였던 한국 사상 최초, 최대 규모의 청년 학생 전도 강습회의 표어였다. 이 표어는 기도에서 터져 나온

우리의 소망이었다. 모인 사람들 중에 어느 한 사람도 이것을
하나님의 지상명령으로 받지 않은 사람이 없었다.
'모든 사람에게 그리스도를!' 이 명령은 비상 명령이다.
이 명령의 성취는 가능하다. 우리는 이 명령에 반드시 순종해야 한다.
이 명령에 각자가 "주여! 내가 가겠나이다." 하고 나서야 한다.

사도행전의 제자들은 소수였지만 마치 불덩어리가 굴러다니는 것 같이
가는 곳마다 불을 붙였다. 세상은 서로 미워하는데 그들은 서로 사랑했다.
세상의 눈에는 그들이 세상을 뒤집어엎을 것만 같이 보였다.
북을 치고 나팔을 불지 않았으나 그들은 포도 순처럼 뻗어 갔고
생명의 누룩으로서 변화시키는 힘이 있었다.
오늘날 우리 사회는 모임으로 꽉 차 있으나 의무와 형식으로 무겁게
모일 뿐 참으로 마음과 마음, 영혼과 영혼이 주님 안에서 만나는
영적 모임은 적다. 우리의 경험으로 볼 때 순모임은 메마르고 고달픈
생활 속에서 서로가 기다려지는 사막의 오아시스처럼 그리운 것이다.

순이 태어난 배후에는 많은 일화가 있다.
1959년 4월 초에 나는 서울 모 대학에 전도하러 가서 예수 믿는 학생들을
찾았다. 전도 활동을 위한 접촉이었다. 기독 학생회의 간부인 듯한
한 학생은 마치 나를 자기 영토에 침입한 적이나 되는 것처럼 경계하며
차갑게 대했다. 그는 "이 학교는 이미 우리 기독 학생 조직이 되어 있으니
다른 곳에 가서 전도하라" 하고 엄한 명령조로 이야기했다.
내가 쫓겨나는 기분으로 발붙일 학교를 찾기로 결심하고 발길을 돌리자
그 학생은 너무 심하게 했다고 생각되었는지 다시 내 뒤를 쫓아와서
다음 월요일 8시에서 8시 30분까지 학생들을 위해서
설교해 달라고 부탁했다. 나는 고맙게 그 초대에 응하고 다음 월요일

그 학교의 지정한 장소에 갔는데, 12명 정도의 맨송맨송한 학생들이
모여 있었다. 그런데 설교에 감동이 되었는지 한 번 더 와 달라고
부탁을 했다. 다음 월요일에는 16명 정도가 모였다.
그다음 월요일은 30명 정도가 모였다. 그날로부터 만 2개월 후인
6월 초에 다시 초청을 받고 그 모임에 가 보았더니 두 명만 모여 있었다.
그다음 월요일에도 두 명뿐이었다. 회장과 총무 두 사람이
4,000명 학생이 다니는 학교의 문을 막고 있었던 것이다.
나는 그들에게 "너희 두 사람이 4,000명 학생의 학교를 대표해서
전도의 문을 막고 있는 것이 아니냐?" 하고 야단을 쳤다.

어느 단체에 가 보면 회장과 총무 혹은 무슨 무슨 부장 등
조직만 있고 내용은 텅 비어 있는 경우가 있다. 이들은 그 학교의 전도를
막고 서 있는 망령인 것이다. 그들은 그 학교 이름으로 소리를 지른다.
그러나 공허한 소리일 뿐이다.
소수가 모이는 교회에도 가 보면 청년회, 남전도회, 여전도회 등이 있고
회장, 서기, 회계 등 조직이 있다. 그 조직들이 모이기만 하면
따지고 비난하고 싸우기 때문에 공기가 무겁다.

CCC 운동은 형식도 없고 조직도 없었다. 대학생 600명이 모이고
1,000명이 모여도 작은 단위로 신앙이 뜨거운 학생의 하숙집 같은 곳에서
한 이불을 덮고 군고구마를 먹으며 밤을 새워 기도하고 찬송하고 간증하며
성경을 공부했다. 우리 가운데 디모데 같은 한 형제는 그것을
'한 이불 덮기 운동'이라고 했다. 그들은 자다가 벌떡 일어나서
옆에 있는 형제를 깨워 울면서 같이 기도했다.
이렇게 자연스럽게 만난 형제들은 졸업 후에도 피와 살을 나눈 형제처럼
지낸다. 이 모임은 자석과 같이 끌어당기는 힘이 있어서

신앙이 뜨거운 학생의 하숙집 같은 곳에서
한 이불을 덮고 군고구마를 먹으며 밤을 새워
기도하고 찬송하고 간증하며 성경을 공부했다.
그들은 자다가 벌떡 일어나서 옆에 있는 형제를 깨워
울면서 같이 기도했다.

한번 참석한 학생들은 "세상에 이렇게 아름다운 모임이 어디 있는가?"
하며 결코 그 모임에서 떠날 수가 없다.

그들은 자주 가난하고 외롭고 고단한 형제들의 고난에 동참하였다.
1960년 전라도 광주에서 농대에 다니던 한 형제가
폐와 늑막에 병을 앓고 있었다. 그는 입원 334일 동안 갈비뼈 일곱 개를
끊어내고 여섯 번 수술하고, 한쪽 폐를 잘라내는 고통을 겪었다.
그는 거의 고아 같은 학생이었다. 그를 전도한 학생이 수술 비용을
모금해서 조달했다. 그들은 서로의 등록금을 공동으로 부담했다.
사도행전 같이 각자의 소유를 나누는 일이 저절로 이루어졌다.
이들의 모임은 12명이었다. 모여서 민족의 죄악을 나의 죄악으로,
민족의 고난을 나의 고난으로 대신 짊어지고 책임지자고 다짐했다.
그들은 고발자이기보다 아픈 주인이고 담당자이고자 했다.
이 이름 없는 모임을 인도한 학생은 전도자였고, 목자였고,
사랑으로 양육하는 어머니였고, 형이었다.
어느 회원을 보아도 인도한 학생을 닮았다.

1960년 크리스마스 무렵 나는 한 통의 편지를 받았다.
"목사님, 내 믿음의 아들, 주님이 피 흘려 구속하신 하나님의 아들
그리고 내 사랑하는 형제 ○○○가 여섯 번째 수술을 받았습니다.
소를 잡아 놓은 것 같았습니다. 의사들도, 본인도, 가족들도
절망하고 있었습니다. 우리는 돈을 모아 마지막 수술을 받게 했습니다.
나는 외로운 벗이 수술을 받는 동안 수술실 밖에서
'내 생명을 취하시더라도 좋사오니, 저 형제를 구해 주옵소서.' 하고
기도했습니다. 나는 참으로 그렇게 기도했습니다.
그때 나는 주님이 나를 대신하여 죽으심을 체험할 수 있었습니다.

그런데 그 기도는 기적을 낳았습니다. 친구가 퇴원하던 날,
나는 내 생명이 그 친구에게서 다시 살아나는 것을 발견할 수 있었습니다.
그 친구는 평생 주님만을 위해 살기로 했습니다."

나는 이 편지를 받고 울었다. 이 형제는 나의 제자이고 영적 아들이었다.
우리와 같이 일하고 있지만 나는 그를 스승처럼 마음에 모시고 있다.
그가 가는 곳마다 그리스도가 전해지고, 포도송이처럼 송이송이
이름 없는 소박한 모임들이 번지고 있다.
그는 복음화 운동의 불씨요, 종자요, 핵이요, 누룩이다.
그가 키운 제자들은 모두 그를 닮았고 내가 간사들을 훈련시킬 때는
그에게 보내서 배우게 한다. 그 이상 가는 훈련의 묘안은 없다.

우리는 낮에는 몹시 바쁘고 부스러기 시간밖에 없었다.
그래서 긴 밤을 같이 새우게 된다. 그는 부인과 아이들이 있는 방에서
제자들과 같이 먹고 성경공부 하다가 그대로 한방에서 잠들었다.
이것이 순장이고 순이 탄생한 배경이다. 생명의 전달은 이렇게 해서
되는 것이다. 이런 형제들의 모임은 이곳저곳에 번졌다.

1963년 여름 경기도 입석에서 수양회를 가졌다.
의과 대학에 다니는 한 학생은 사랑하는 친구 한 사람을
주님께 인도하려고 항상 기도하며 사랑으로 돌보고 있었다.
그 친구가 수양회에 참석했다가 분위기가 너무 벅차서 도망가려고 하자
그는 나에게 와서 기도를 요청했다. 그날 밤 그가 홀로 뒷산 바위 밑에서
기도하는 소리를 들었다. "주여, 내 친구를 구원하여 주옵소서.
내 생명을 취하시더라도 꼭 구원해 주옵소서."라고 반복해서 기도하고 있는
것을 순회하다가 들었다. 결국, 그 친구는 결신을 했고

지금도 주님을 위해 살고 있다. 이 학생도 10여 명의 제자를 키우고 있다.
이런 것이 순의 원형인 것이다.

1966년 여름, 650명의 대학생이 입석에서
5박 6일의 리트릿(Retreat)을 가졌다. 그중 300명은 불신자였다.
신자와 불신자를 일대일로 짝지어 주고, 불신 학생의 결신을 위해 기도하며
120여 시간을 같이 먹고 자며 훈련을 받게 했다.
마지막 날 밤에는 신자와 불신자를 분리해 기도를 시켰다.
신자 학생들이 자기 짝을 위해서 4시간을 계속하여 기도하는 동안
나는 불신 학생들과 영적 씨름을 했다. 그 시간 동안 신자 학생들은
하나같이 내 생명을 취하시더라도 내 짝, 내 형제가 예수를 믿게 해 달라고
기도했다. 그날 밤 두 명을 제외하고는 모두 예수를 믿기로 결심했다.
그 두 명도 한 명은 다음 날 아침에, 최후의 한 명은 차를 타고
돌아오는 중에 예수를 영접했다. 이렇게 짝들은 자기 목숨을
기도 속에 대신 바친 것이다. 이것이 순의 짝이다.

1973년 여름, 나는 20여 명의 목사님과 속리산 관광호텔에서
2박 3일간 모임을 가진 일이 있다. 누군가 두세 차례 수박을 보내 주었다.
심부름한 여인에게 수박을 보내 준 사람이 누구냐고 물었더니
요리사라고 했다. 목사님들이 모두 고마워하면서 꼭 그 요리사를
불러오라고 해서 만났더니 그는 CCC 훈련을 받은 청년으로
그 면의 순장이었다. 그 청년은 두 배로 월급을 준다고 해도
다른 직장에 가기를 거부하고 그 지역을 복음화하기 위해 남아 있었다.
그곳에서 12명의 순 회원들이 골방에서 모이고 있었는데 호텔 지배인,
그곳 절의 주지 다음가는 승려도 포함돼 있었다.
참으로 아름다운 순이었다.

그가 가는 곳마다 그리스도가 전해지고,
포도송이처럼 송이송이 이름 없는 소박한 모임들이 번지고 있다.
그는 복음화 운동의 불씨요, 종자요, 핵이요, 누룩이다.
그가 키운 제자들은 모두 그를 닮았다.

교사는 담임하고 있는 반 학생들의 선한 목자다. 이것이 순장이다.
수천의 교사들이 자기가 담임한 학생들의 순장으로 활동하고 있다.
신문팔이, 구두닦이, 깡패들이 모이는 순도 있고, 어머니 순도 있다.
지하 1,000m 갱도 안에도, 가정에도, 관공서에도 순이 있다.
이들이 모이면 간증이 쌓이고 쌓인다.

해군에 입대한 한 순원이 함정에서 근무하게 되었다.
그가 배치받은 지 3개월 만에 대령인 함장을 포함해 26명 순 회원이
정기예배를 드렸다. 기도와 성경공부로 모이게 되자 함정의 분위기는
달라졌다. 순 회원 출신 소위가 초소에서 여러 명과
순모임 하는 경우를 흔히 볼 수 있다. 어느 사범 대학의 한 교수는
12명의 교수 순을 키우고 있다. 이 순들이 살아 있는 세포처럼
이 땅에 꽉 차면 이 민족은 영적 유기체가 된다.
우리들의 사도행전, 우리들의 출애굽기, 우리들의 시편이 쓰이고 있다.

미국CCC 회원들은 돌아가면서 자신의 아파트에서 모이고 있다.
뉴욕에서 오랫동안 살아온 목사님이 한 순모임에 참석했다가
이렇게 영적으로 살아 있는 모임은 처음이라고 말했다.
이것이 순이고 순장이고 작은 목자인 것이다.
이상한 영적 혈통 같은 것이 흐르고 있다.

기독교는 모임을 통해서 발전해 왔다. 그 모임들이 살아야 기독교가 산다.
모임이 형식적이 되면 기독교 전반이 생기를 잃는다.
사람은 태어나면서부터 배우기를 원하고 가르치는 것을 좋아한다.
또한, 누구나 사랑을 받고 싶어 하며 사랑하기를 원하고 있다.
순은 배우고 사랑하는 곳이다. 사랑을 줄 수 없을 만큼 가난한 자도 없고

사랑을 받을 필요가 없을 만큼 부한 자도 없다.
순의 혈액은 신앙과 사랑이다.

1961년 겨울 어느 날, 영하 20도의 눈 덮인 산상에서 함께 기도하던 중에
혁명의 동지들처럼 엄숙한 3중 헌신을 했다.
주님에의 헌신, 민족의 입체적 구원에의 헌신, 형제들에의 헌신이
그것이다. 순은 이런 전제와 배경으로 생긴 것이다.
순은 마치 식물의 원래 종자처럼, 그 나라 최초의 순들이
그 이후의 순의 종류를 결정짓는다.
순은 한국의 경우 인위적으로 만들어진 것이 아니라
복음화를 위해서 기도하는 동안 성령님을 통해서 만들어졌다.

1장. 순의 역학, 불당어리가 굴러다니는 것 견이

2

손의 비전, 민족 전체가 손의 그물코에 걸리게

순의 비전,
민족 전체가 순의 그물코에
걸리게

민족복음화운동은 우리나라의 모든 신자를 성숙하고 정예화 된
그리스도의 제자로 훈련시켜 개인, 가족, 교회, 지역, 민족 단위로
전략에 참여하게 하고, 그 신자들이 모든 사람에게 그리스도를 심어
모든 범위의 개인과 사회가 구원을 받도록 하는 것이다.
복음으로 변화된 각 사람은 우리 민족 사회 안에 있는 모든 것을
그리스도가 뜻대로 주관하고 하나님의 뜻이 하늘에서 이루어진 것 같이
땅에서도 이뤄지도록 기도하고 노력한다.
전도의 결과는 하나님께서 책임지신다. 그렇다고 해서 어떤 사람에게
단 한 번 전도하고 끝나는 것이 아니라 일생 동안 추적 전도해야 한다.

한 여학생이 진도 훈련을 받은 후 복음을 전하기 위해 굳게 닫힌
부잣집 문을 두드렸다. 그 집은 음산하고 차가운 전쟁터의 요새,
고독한 성과 같았다. 집안의 사람들은 어둡고 생기가 없었고,
무슨 일에도 흥미를 잃은 사람들 같았다.

여학생이 예수 그리스도의 사랑을 전하기 위해 왔다고 말하자
가족들은 병자가 안방에 있으니 들어가 보라고 했다.
그 방에는 한 여인이 이불로 얼굴을 푹 가리고 누워 있었다.
시체처럼 음산한 공기가 방안에 가득했다. 그 여인은 숨은 쉬지만
죽은 것이나 다름없이 버려져 있었다. 말을 듣는 것 같은데
아무 반응도 하지 않았다. 그래도 여학생은 4영리를 읽어 주기 시작했다.
"하나님이 아주머니를 사랑하시며 아주머니를 위한 놀라운 계획을
가지고 계십니다."라고 하자 그 여인은 흐느껴 울기 시작했다.
두 손목을 꼭 잡고 감격해 하며 얼굴에는 생기가 돌았다.
여인이 그토록 목마르게 원하던 사랑을 찾은 것이다.
부자지만 늘 외로웠던 여인은 그 여학생에게 날마다 찾아와 주기를
어린아이처럼 매달리며 애원했다.

사람은 누구나 무한한 고독이 있다. 교회에 나오는 신자가 우리 안의
양이라면 교회에 나오지 않는 사람은 우리 밖의 양이다.
이들이 믿든지 안 믿든지, 깡패든지 무신론자든지 예수님의 사랑으로
돌봐 주어야 한다. 교회는 목회의 영역을 확대하고 목회 개념을
고쳐야 한다. 불신자들을 목회의 영역 안에 두어 복음과 사랑의 그물에
걸리게 하자. 이렇게 모든 신자를 순장으로 양육한다면
민족 전체가 순의 그물코에 걸리게 된다.
이것이 민족복음화운동이고 전략이다. 그래서 순이 100만 개 필요하다.

민족복음화운동과 전략으로 민족의 가슴마다 피 묻은 그리스도를 심어
이 땅에 성령의 계절이 오게 한다.
정치, 경제, 교육, 문화, 풍속을 비롯해 온갖 사회 구조를
복음화해서 우리나라가 성경의 가르침을 따르고 예수 그리스도가 다스리는

사람은 누구나 무한한 고독이 있다.
교회에 나오는 신자가 우리 안의 양이라면
교회에 나오지 않는 사람은 우리 밖의 양이다.
이들이 믿든지 안 믿든지, 깡패든지 무신론자든지
예수님의 사랑으로 돌봐 주어야 한다.

나라가 되게 한다. 세계만방에 그리스도를 증거하는
선교국이 될 수 있도록 기도한다.

복음은 사회를 변화시킨다. 1904년 웨일스와 아일랜드에서 일어났던
기독교 대부흥의 결과, 수만 명이 거듭나고 술집, 도박장, 극장, 당구장,
경마장, 창녀들, 도둑들이 자취를 감췄다.
조선소 직원들이 훔친 것들을 되돌려 주어, 그 물건들을 쌓아둘
큰 창고를 지어야 했다. 경찰은 할 일이 없어졌다.
석탄을 나르는 나귀까지도 그 부흥을 알 수 있었다.
나귀를 때리던 사람들이 이제는 아끼고 사랑해 주었기 때문이다.
성령 충만한 광부들은 점심 먹는 것도 잊고, 지하 갱도에서
성경을 공부했다. 전차 안에서도 사람마다 성경을 읽는 광경을
볼 수 있었다. 초대 교회는 사랑으로 모든 것을 공유하는 생활을 했다.
복음은 도덕 부흥, 문화 부흥, 경제 부흥의 생기요, 밑거름이요, 옥토가 된다.

민족복음화를 위해 기도하고 전도하며 전략을 세우는 데 힘쓰는 것은
인간적인 것인가? 또한, 누가 할 것인가?
스스로 다음과 같이 물어보고 답해 보자.
"주여, 민족복음화는 주의 기뻐하시는 뜻입니까? 주님은 그것을 원하신다.
그럼 그 일이 가능하십니까? 주님은 가능하시다.
어떤 방법으로 가능하십니까? 사도행전의 원색적인 말씀과 기도와 성령,
사랑과 전도, 절대 헌신과 전적 헌신, 합심, 협력으로 가능하다.
언제, 어디서 시작해야 합니까? 지금 이 상황에서 시작해야 한다.
누가 합니까? 내가 하겠습니다."라고 책임 있는 대답을 해야 한다(사 6:8).

'새 술은 새 가죽 부대에 넣는다'라는 말씀처럼 내용과 형식은 동질이어야

한다(마 9:17). 현대 문명과 사회의 병리학적 현상 중의 하나는
인간 소외 현상과 개인주의화 현상이다. 영적 존재인 인간은
대형화되는 교회 조직에서도 기계적이고 형식적이고 소외감을
느끼고 있다. 핵가족화가 현대인의 생활 구조상 어쩔 수 없는
추세라 하더라도 유기적, 인격적 공동체 의식이 상실돼서는 안 된다.
동양의 대가족 제도에도 귀한 것이 있고, 공산주의에는 이 잃어버린
공동체를 강제로라도 회복하려는 의도가 들어 있다.
우리는 여호와를 하나님으로 삼고 하나님의 기업이자
거룩한 백성이 된 자들로서 복음화된 민족을 목표로 삼고 있다.

칼 마르크스(Karl Marx)가 "모든 부는 노동자가 생산하는 것이다.
그러므로 마땅히 노동자의 것이 되어야 한다."라고 선언함으로써
경제 사회의 기본 구조에 지진 같은 충격을 주었고 혁명의 진원이 되었다.
핵의 발견은 에너지의 혁명을 초래하였다.
생명 보험은 혁명적 아이디어였다. 물리학자들은 만유인력의 반대 중력을
활용할 수 있으리라 내다보고 있다.
만일 반대 중력을 활용한다면, 반물질을 에너지로 만들 수 있다면,
세계를 단번에 뒤집는 발견이 될 것이다.

나는 기도의 무한한 잠재적 가능성을 활용하고 성령의 능력을 힘입어
한 민족을 완전히 복음화 한다면, 그 나라의 인적,
재정적 자원과 영역학(靈力學)을 총동원해 제2의 사도행전과 같은
세계 선교 역사가 진개될 것이라고 믿는다.

완전 복음화를 위한 전략적 단위로서 순은 반드시 필요하고
민족복음화운동을 위한 혁명적인 한 방법이 될 것이다.

즉 완전 복음화의 전략 또한 복음화를 지속하는 방법으로써 혹은 교회의 선교 방법으로써 혁명적인 방법이 될 것이다. 순은 인간 교육, 신앙 육성, 전도, 지도자 육성의 장소로서 가장 좋은 훈련장이 된다.

2장. 순의 비전, 민족 경제가 순의 그물코에 걸리게

3

순의 개금, 이새의 줄기에서 돋아 나온 연한 순

순의 개념,
이새의 줄기에서 뻗어 나온
연한 순

'이새의 줄기에서 뻗어 나온 연한 순'은
주님을 가리킨다(사 11:1; 53:1~12, 요 15:1).
우리 주님은 5,000명 이상의 큰 무리가 따라다니는 중에서도
12명만을 제자로 택하셨다. 베드로와 요한, 야고보를 중심축으로
핵구조화를 이룬 주님은 항상 제자들과 같이 식사하시고 기도하시고
가르치시고 주무시며 사셨다. 주님에게는 제자들을 훈련시켜 보내는 일이
최우선 순위였다. 이것이 순의 원형이다.

사도 바울은 디모데에게 "네가 내게 들은 바를 충성된 사람들에게
부탁하라 그들이 또 다른 사람들을 가르칠 수 있으리라"고 가르쳤다
(딤후 2:2). 사도 바울은 로마 통치하에서 이곳저곳을 다니며
전도해 얻은 제자들을 정탐꾼처럼 세상에 침투시키기 위해 기도와 정성과
사랑을 다해 길러 냈다.

그 제자들은 어느 집, 어느 곳의 그 누군가의
그리운 이름들이었다.
바울은 디모데를 가리켜 '내 아들'이라고 불렀고,
'나의 사랑하고 사모하는 형제들, 나의 기쁨이요,
면류관인 사랑하는 자들아'라고 부른 사람들도 이런 작은 무리들이었다.

주님은 "두세 사람이 내 이름으로 모인 곳에는 나도 그들 중에 있느니라"고
말씀하셨고(마 18:20),
전도할 때는 둘씩 짝지어 보내시기도 하셨다(막 6:7, 눅 10:1).
로마 시대의 카타콤 성도들은 작은 자 하나를 찾아 돌보고 키우다가
기쁘게 순교했다. 그 격심한 박해 속에서도
끈질기게 번질 수 있었던 강인한 생명 조직체가 바로 순이고 세포였다.
순이란 원래 조(組), 반(班)과 같은 그룹을 나타내는 단어
혹은 세포(cell)와 비슷한 것 같지만,
그런 말 속에 우리의 생명체를 담기에는 적합하지 않다.

종교 역사에서 한번 잃어버린 영적 청춘은 회복하기 힘들다.
기독교 심장부였던 유럽과 미대륙에서 공산주의, 나치, 허무주의, 히피,
다양한 성 문화가 생겨났다.
그곳은 후기 기독교 문화(Post-Christianity)의 25시이다.
하나님은 아시아에서 새 일을 시작하시고
기독교의 새 토양을 찾고 계신다.
아시아의 이스라엘, 제2의 기독교 문화가 한국에서 일어날 수 있다.
미래 후기 기독교 문화 사회에 존재할 이상적 선교 전략 단위는
순의 형태일 것이다(원시 교회, 핵 교회, 가정 교회, 잡초 교회, 사랑방 교회).
이렇게 순 100만 개가 번식해야 하며 교회가 뿌리를 뻗는 방법도

이 방법이어야 한다.
죽은 구조일수록 기계적이고 고정적이지만
생명이 있는 구조는 역동적이고 단순하고 산문적이다.

순은 우리나라 복음화 운동 과정에서나 복음화된 사회에서
살아 있는 세포로서, 가정과 교회의 중간에 존재할 제3의 사회 단위로
새롭게 등장할 것이다. '순'은 순수한 우리말이고 한국 토산이다.
'순'으로 발음되는 글자마다, 낱말마다 아름다운 의미를 지녔다
(純, 洵, 順, 醇化, 馴, 筍).[1] 순은 우리나라 시인들의 순박한,
아득하게 멀리 있어 그리운 시골 소녀상이기도 하다.
순은 가지에서 움터 무한히 뻗는 동안 잎과 꽃과 열매를 맺는다.
마디마디 순은 순을 낳고 스스로는 가지가 된다.

순은 사랑방에서 산다. 사랑방은 삼국 시대보다도 더 오래전부터
우리 민족사와 더불어 마을마다 존재해 왔다.
사랑방은 고대 그리스의 아카데미보다, 유럽의 살롱(salon)보다,
로마의 포럼(forum)보다, 중국의 서당보다, 현대의 학교보다 더 다정하고
토속적인 우리나라의 생활 장소였다. 서양인은 주로 낮에 공적 모임을 갖고
밤에는 개인 시간을 갖기에 사랑방과 같은 모임이 없다.
그러나 우리 조상들은 밤에 사랑방에 모여 천하의 일에 대해
담론의 꽃을 피우며 밤을 사는 분들이었다.

사랑방의 화세에는 주세가 없다.
생각이 흐르는 대로 무슨 이야기든지 한다. 규제나 격식이 없다.

---

[1] 純: 순수할 순, 洵: (남의 말과 행동을) 좇을 순, 順: 유순할 순, 醇化: 순화, 馴: 길들일 순, 筍: 죽순 순

'순'은 순수한 우리말이고 한국 토산이다.
'순'으로 발음되는 글자마다, 낱말마다 아름다운 의미를 지녔다.
순은 우리나라 시인들의 순박한,
아득하게 멀리 있어 그리운 시골 소녀상이기도 하다.
순은 가지에서 움터 무한히 뻗는 동안 잎과 꽃과 열매를 맺는다.
마디마디 순은 순을 낳고 스스로는 가지가 된다.

누워서 하든 앉아서 하든 자유다. 그래서 진정 대화의 광장이었고
민주주의의 산실이기도 했다. 그곳은 천하의 뉴스 센터이며
공론과 여론 센터이기도 했다. 사랑방은 어느 마을에나 낯선 나그네가
하룻밤 묵어갈 수 있는 여관이었다. 공자와 맹자를 배우던 서당,
새끼를 꼬고 짚신을 삼았던 일터, 선거 논의를 하며
정치하는 곳이기도 했다. 손금을 보고 사주, 풍수를 포함하여 인간 운명과
신(神)을 이야기하는 종교의 장소, 토지 매매와 자녀의 중매가
이루어지는 장소, 춘향전을 읽으며 모두가 도취하는 낭만과 문학의 장소,
누구네 잔칫상을 돌려 가며 먹는 친교의 장소이기도 했다.
방의 크기는 열 명이 앉으면 만원이 된다.
사랑방은 말 그대로 사랑이 있는 방이고 생활의 광장이다.
그래서 우리 조상들의 문화는 사랑방 문화다.
그것은 학교 이전의 학교이고, 가정 이후의 가정이다.

사랑방을 잃어버린 우리 마을은 살벌하다
사랑방을 찾자. 밤을 살자.
잃어버린 사랑방에서의 대화를 찾자.
사랑방에서는 아카데미보다,
어느 의회보다 더 자유롭게 정치와 경제와 문화를 이야기할 수 있었고,
우리만이 이해하는, 우리만의 낯익은 언어로
민족과 향토와 인생과 종교에 관한 이야기를 주고받았다.
화제 속에는 형식도 까다로운 체계도 없다.
그곳에서는 아무도 다른 사람을 지배하지 않는다.
서로의 피부와 피부가 맞닿고 밤이 깊으면 한 이불을 덮고 자는 곳이었다.
이리하여 협동과 일치와 동질성을 키웠다.
기독교가 서양에서 들어왔기 때문에 현대 교회의 예배당은

그리스나 로마의 공회당 같은 색깔이 짙다.
그러나 만일 기독교의 포교 장소가 처음부터 한국의 토속적인 기원을
가질 수 있었다면 틀림없이 예배당보다는 사랑방 학교(서당) 같은 형태로
발전했을 것이다. 그랬다면 지금보다 더 깊이 침투해
뿌리를 내리고 생명력을 자유롭게 발휘했을지도 모른다.
특히, 한국의 모든 지역과 마을에 교회를 세우기 위해 많은 수의
전문적인 유급 전도자를 파견할 수도 없고 많은 돈이 드는
교회를 세울 수도 없다.
사랑방 운동을 벌이기로 한 취지가 이런 데에 있다.
사랑방에서 함께 먹고 자고 공부하는 것에는 빈틈없는 교육 효과가 있다.
순으로 전도하고 육성하면 개인이 하는 것보다 훨씬 잘 된다.
집단 역학 때문이다.

순은 병아리 부화기와 같다.
암탉이 병아리를 까는 것처럼 순에 참여하는 모든 사람은 동질화되어 간다.
숙식을 같이하면서 100시간 이상 교육을 시키면 98%가 변화되고,
두세 명으로 시작해도 2~3개월 안에 20~30명으로 늘어난다.
순의 기도는 주 1회 밤을 새우면서 하는 것이 좋다.
순은 자신을 위해 있는 것이 아니라 숨어 버리는 무한한 생명의 전달자요,
나룻배요, 어머니요, 수단이요, 기능일 뿐이다.
순은 약하고 연한 것이지만 강인한 것이다.
비록 지하실에서 움텄을지라도 어둠을 탓하지 않고
태양 빛이 스며드는 구멍을 찾아 뻗는다. 그늘진 곳일망정
나뭇가지 꼭대기로 뻗어 기어이 태양을 향해 선다.

예수라는 순처럼 강인한 생명력과 잘 번식하는 생동력은

일찍이 지상에 없었다. 순은 우리의 척박한 땅에서라도 뿌리를 뻗고
번성해 가는 칡덩굴이나 고구마순 같고, 가난한 집의 지붕에서 밤에만
피는 박꽃 덩굴을 닮았다. "그는 머리니 곧 그리스도라 그에게서
온 몸이 각 마디를 통하여 도움을 받음으로 연결되고 결합되어
각 지체의 분량대로 역사하여 그 몸을 자라게 하며
사랑 안에서 스스로 세우느니라"(엡 4:15~16)

한 순이 잘리면 그 상처에서 세 개의 순이 덧난다.
순에는 이런 신진대사가 이루어진다.
순의 중요한 전략과 생태의 하나는 철저한 일대일 관계를 통한 형제화,
모성애적 개인화에 있다. 순은 교회가 아니다.
그러나 교회 이전의 교회요, 천하의 교회들이 유럽의 교회처럼
텅 비어 버린 이후에도, 그리고 철의 장막[2] 같은 지하에서도
오히려 더욱 성성할 교회 이후의 교회다. 그리고 교회를 위한 뿌리다.

순은 학교가 아니다. 그러나 학교 이전의 학교요, 학교 이후의 학교다.
예수님과 그 제자들의 관계가 이상적 교육의 모형이다.
순은 전인 교육, 평생 교육을 받는 곳이다. 순은 가정이 아니다.
그러나 가족보다 짙은 예수님의 혈연으로 만들어지는
가정 이후의 가정이다. 가족이 혈육의 관계라면 순은 제2의 영적 가족이다.
그래서 정으로 사는 것이 아니라 믿음으로 관계를 맺고
믿음으로 키워 가는 의지적인 것이다. 순은 세속 집단이 아니다.
그러나 세속의 거리, 어느 쓰레기통 속에서도 필 수 있는 장미다.
순은 고정순이 있고 유동순이 있다.

---

[2] 제2차 세계대전 후 소련 진영에 속하는 국가들의 폐쇄성을 풍자한 표현.

고정순은 일생 동안 형제적 유대를 가지고 분리하지 않는 순이다.
순은 지극히 인간적인 체온을 느끼는 장소다.
어느 곳보다 뜨거운 성령의 영토다.
이 땅의 모든 인간관계는 날이 갈수록 일시적이고 기계화,
비인간화되어 서로가 소외되고 있다. 인간 사막에서 고독한 군중들은
자갈처럼 맞부딪히고 있기에 사회는 차갑고 굳기만 한 자갈밭 같다.
이제 교회마저 대중화되어 가고 있다.
이 땅은 복음화냐 혼란이냐, 예수냐 허무(퇴폐)냐,
성령이냐 악령이냐 양자택일을 해야만 한다.

순마다 성령의 용광로가 되어 이 땅을 채우라. 순은 성령의 자기장이다.
순은 미래의 복음화 된 사회에서 교회보다 보편적이고 선구적이고,
침투력이 강해 빈틈없이 민족 구조 속에 깔린 생세포이며,
이상적 사회구조론적 단위다. 순은 에스겔 해골 떼에 생기가 전달된 것과
같은 핏줄이며, 새로 태어날 예수 종족에게 제2의 가정이며,
입체적으로 민족 사회를 총망라할 보이지 않는
하나님 나라의 그물이기도 하다. 그것은 새 사회의 새 핏줄이다.
순에서는 누구나 우주의 왕자로서의 자유를 갖는다.
동시에 서로는 서로에게 사랑의 종이 된다.

순은 번지도 예외 구역도 없다.
그러나 성령 받은 순장이 머무는 곳엔 어디나 뿌리를 박고 생존한다.
마치 어머니의 품이 어린이의 주소이고 전 공간인 것처럼,
순은 대지에 뿌리박고 무엇인가를 보전하여 지키려는 습성이 있다.
현세대 문명이 무너진 이후에도 영원한 원시적 처녀와 같이 남을 것이다.
순은 단세포같이 단순하지만 무한한 체질과 전통과 개성을 지닌다.

순은 약하고 연한 것이지만 강인한 것이다.
비록 지하실에서 움텄을지라도 어둠을 탓하지 않고
태양 빛이 스며드는 구멍을 찾아 뻗는다.
그늘진 곳일망정 나뭇가지 꼭대기로 뻗어
기어이 태양을 향해 선다.

복음화 운동 요원에게 순 생활은 새로운 삶의 방식으로,
순을 통해서 더 많은 열매를 맺게 된다.

순에서는 철저히 남을 위한 삶으로 전환해야 하고,
자신이나 가족의 짐 외에 남을 위한 수고와 무거운 인생 짐을 대신 진다.
순은 힘을 모으는 역학적 단위다. 영역학(靈力學)의 자원이다.
순 구성원은 가족처럼, 할아버지(1세대), 아버지(2세대), 아들(3세대),
손자(4세대)가 있다(딤후 2:2). 순은 외부로 드러내기보다
내부로만 존재하며 이름도 간판도 없이 민족복음화를 위한
비밀스러운 조직처럼 활동한다.
북 치고 나팔 부는 것을 싫어하고 카타콤 시대의 예수 세포 같은
성도들처럼 결실을 맺는 불이요, 바람이요, 생기요, 전투 지대다.
각자의 작은 교구이며, 원시 교회이며, 열병이요, 누룩이다.
모든 단체 위에 초월하여 존재하여 어디나 영향력을 주는 새 누룩이다.
그러나 '생육하고 번성하여 땅을 정복하고 땅에 충만할 족속'이다(창 1:28).
순은 지배(control)가 아니라 감화(influence)시키는 역할을 한다.
누구나 순장 후보로 만들어야 하고 또 만들 수 있으며
그것이 주님의 기뻐하시는 뜻이다.

순은 특이한 성질의 유기체여서 순 구성원들은 서로 덕과
은혜를 나누고 허물과 고통과 외로움과 죄와 불신도 나눠서 청산해 버리는
영적 가정, 영적 공산주의다.
순원 한 사람이 신령한 덕을 열 사람에게 간증하면 10배로 늘어나고,
내 결점을 이야기하고 반성하면 10분의 1로 줄어든다.
슬픔도 함께 나누어 갖는 신비로운 유기체다.
순은 성령님이 통하는 포도나무 가지와 같다.

가지마다 송이송이 포도를 맺는다. 그것은 신비로운 공동체의 세포다.
순은 신진대사가 있어 늘 살아 있다.
마치 군부대가 그 구성원이 바뀌어도 항상 존재하듯이
항상 누군가가 순을 끌고 간다. 순은 심리적으로, 영적으로
서로가 의존해서 힘을 주고받는 뿌리요, 발전소다.
순은 집단적으로 예수님의 생명을 전염시키는 집단 전염체다.
순은 영적 생명의 밭이요, 무한히 잉태하는 모태이고,
육성하는 사랑의 품이다.

4

손의 역할, 주님이 제자들의 발을 씻어주신 것처럼

순의 역할,
주님이 제자들의 발을
씻어 주신 것처럼

지금까지의 경험으로 보면, 순원은 순장을 닮아가고
순마다 고유한 특성을 갖게 되는 것을 알 수 있다.
순의 질은 순장에게 달려 있다.
유(類)는 유를 낳고 종(種)은 종을 낳는다.

순의 원형은 순장이 두세 사람을 모아 싹이 되는 순을 이루고,
그 두세 사람이 순장이 되어 일대일 혹은 일대이로 새롭게 짝을 지어 다시
순을 이뤄가는 것이다.
순장은 어머니가 되고 작은 목자가 된다(살전 2:11, 고전 4:15).

순장은 자신이 전도한 사람을 키우고 돌보고 사랑하고 가르치고 심방하는
역할을 자원해서 한다. 순장은 모든 순원을 목자로 키우며,
순원들이 10명의 새 신자를 위해 기도하게 한다.
즉 모든 순원에게 태신자 명단을 가지고 매일 기도하게 한다.

순장은 순원을 데리고 집시(gypsy)[3]와 순례자(눅 9:1~3)를 본떠,
인생 수업이나 정신적 낭만을 위해서 무전여행을 하는 청년들처럼
방학 한 달쯤 거지가 되어 농어촌을 방문 전도한다.
그러면서 인생을 배우며 인생의 제로점 체험을 하고 각자의 사도행전과
각자의 출애굽기와 각자의 시편을 천대와 굶주림과 땀과 흙으로 기록하라.
금식도 하라. 철야기도도 하라.
순장은 순원을 키우는 일에 최우선적으로 시간을 바쳐야 하고
시간을 벌기 위해서 다른 일들을 끊어버릴 줄 알아야 한다.
순장은 수백 명을 혼자 육성할 수 없으므로 소수의 사람을 특별히 골라서
전략적으로 키운다.
순장은 매일 순원의 이름을 불러 기도하고,
순원이 영적으로 성숙할 때까지 육성을 책임진다.
순장은 순원들이 서로 짝을 짓게 하고 둘씩 손을 붙잡고 기도하게 하라.

순장은 주님이 제자들의 발을 씻어 주신 것처럼 순원들을 섬기기를 권한다.
순장은 순원이 성경을 매일 공부하도록 숙제를 내주고, 모임을 가질 때
그것을 점검하라. 반드시 기록하게 하라.
성경을 매일 공부하도록 육성하라.
순장은 순원의 성경공부 과정을 기록하는 카드를 마련하라.
순장은 순원이 정한 시간에 다 모이지 못한다면,
참석하지 못한 순원에게는 그 주간에 개인적인 연락을 통해 만남을
지속하라. 순모임은 일주일에 한 번, 시간은 한 시간 반 정도가 좋다.

---

[3] 원래는 쾌활하며 음악적 재능이 뛰어난 코카서스 인종의 소수 유랑 민족을 가리키지만, 그 의미가 확대되어 정처 없이 방랑 생활을 하는 사람을 비유하는 단어로 쓰인다.

그러나 밤을 같이 지낼 때는 많은 양의 기도와 성경공부를 할 수 있다.
일주일에 한 번 밤을 같이 지내게 하는 것이 좋다.
방과 후 혹은 퇴근 후에 모여 순장과 순원들이 함께 합숙하고
그다음 날 그곳에서 출근 혹은 학교에 가라.
이때 아침식사는 간단히 하거나 금식하는 것이 좋다.

순원을 만나거나, 편지를 쓸 때마다 그가 주님의 사랑과 구원을 확신하고
성령 충만을 확신하는지 재확인하도록 하라. 순모임을 할 때
모두가 기도에 참여하고, 30분 정도 기도 시간을 갖는 것을 권한다.
순장은 순원에게 과업을 주어 행동으로 순에 참여하게 하라.
기도하게 하라. 사랑하게 하라. 심방, 전도 등을 시켜라.
편지를 쓰게 하라. 가르치게 하라. 행동함으로 배우게 하라.

순원은 순장을 닮아가고 순마다 고유한 특성을 갖는다.
순의 질은 순장에게 달려 있다.
유(類)는 유를 낳고 종(種)은 종을 낳는다.

순장의 주요 임무는 성경을 가르치는 일이다.
순원들이 스스로 성경에서 영의 양식을 취하여 먹을 수 있을 때까지
부지런히 가르치라. 순원들로 하여금 성경을 사랑하게 하는 유일한 방법은
순장이 성경을 깊이 사랑하는 것이다.
순장은 자신의 기도 생활로 순원에게 기도를 가르치고, 자신의 전도 생활로
순원에게 전도를 가르치라.
순장은 순 생활에서 6개월 이상의 훈련을 받은 사람만이 될 수 있다.
순장은 영적 자녀를 10여 명 키우게 되는데,
인간 최대의 경험은 영혼의 자녀를 키우는 일이어서 한번 그 보람을 느낀
사람은 평생 계속하게 된다. 자녀를 많이 낳아서 키우며 고생하는 어머니가
위대하듯이, 영혼의 자녀를 많이 키워 본 사람도 위대하다.
순에서는 단순히 흥미 위주의 이야기를 하거나
남이나 다른 단체를 비난하는 일과 부정적인 말은 하지 않는다.
순원에게 공동 기도제목을 주어 '순 기도일지'를 쓰게 하고
성취된 것을 감사하게 한다.
순장은 서로 돌아가며 간소한 식사를 나누도록 권한다.
일주일에 한 번은 오후에 같이 모여 가볍게 식사하고(식비는 각자 부담),
같이 자고 그다음 날 학교나 직장에 가도록 권한다.

모임에 참석한 순원들은 참석하지 못한 순원들을 심방하고
배운 성경 내용을 전달한다. 순에서 드려진 헌금은 그들이 직접 계획한
전도 사업을 위해 쓸 것을 권한다. 순마다 영친운동[4]하기를 권한다.

---

[4] 영친운동이란 영적으로 자녀나 지역을 입양하여 그 자녀와 지역을 위해 기도와 전도와 관심을 지속해서 갖는 운동을 의미한다.

모일 때마다 각자의 기도제목과 개인적 필요를 위해 분담하여 기도한다.
반드시 민족복음화와 전도 접촉 중에 있는 불신자를 위해 기도한다.
순원의 중요한 의무 가운데 하나는 모임에 참석하는 일이다.
시간을 내서 모임에 참여하는 것이 전도할 수 있는 에너지를 만드는 데 연료가 된다는 것을 강조하라. 그러나 출석을 강요하거나 구걸하지 말되, 출석을 못하면 추석해서 육성하도록 하라.
순원끼리 돈을 거래하지 말라.
성구를 서로 외우며 암송 대회를 하기 권한다.

순에서 나누는 성경은 더 살아서 운동력이 있다.
성구 암송 카드를 항상 소지하고 활용하라.
성경은 영원한 사상의 원천이다. 성경은 영원한 베스트셀러다.
성경만큼 많은 사람에게 성스러운 영향을 준 책은 없다.
그러나 성경만큼 흔하고 껍데기만 이해된 책도 없다. 세계적 대부흥사였던 빌리 그레이엄(Billy Graham)의 설교에는 성구 인용이 상당히 많다.
생명력 있고 깊이 있는 신앙인마다 성구 암송을 많이 한다.
우리는 결코 떡으로만 살지 못하고 말씀을 먹어야 산다.
통계에 의하면 들은 지식은 10%가 남고, 읽은 지식은 20%가 남으며, 듣고 본 지식은 40~50% 정도가 남는다고 한다.
그러나 암기한 지식은 80~90%가 남아 완전히 피가 되고 살이 된다.
암송한 성구는 배에서 생수가 되어 끊임없이 용솟음칠 것이다.
내 경험과 많은 학생들에게 전도한 경험을 토대로 평가해 볼 때, 암송한 성구는 영혼의 뿌리요, 살이요, 피요, 생기요, 검이요, 빛이요, 능력인 것을 고백한다. 우리에게는 헛되고 잡되고 해롭게 보내는 시간이 많다.
침실에 들기 전, 아침에 눈을 뜰 때, 버스를 탔을 때, 길을 가면서, 사람을 기다리는 시간에, 화장실에서, 잡념에 사로잡힐 때,

잔디 위에 한가로이 누웠을 때, 눈을 감고 생각이 흐를 때,
마음이 구름을 탈 때 성구를 외우기 바란다.
친구들이 모여서 성구 카드놀이를 할 때 이 구절들이 내 호흡, 내 맥박,
내 언어, 내 생각이 될 것이다. '나의 팡세'를 쓸 때도 하루 종일 새기고 씹은
성구를 중심으로 명상록을 엮어야 한다.
순장은 자신의 시간을 낼수록 시간을 생산할 수 있고,
시간의 양을 질로 바꾸어 쓸 수 있다는 사실을 믿으라.
순장은 자신이 져야 할 십자가가 있음을 각오하라.
순장은 농부처럼, 어머니처럼 꾸준하고 오래 참는 습관을 길러라.
순장은 순원을 만날 때마다 영적 상태를 점검하고,
영적 권위로 순원의 영적 잘못을 책망하여 고치게 하라.
순장은 순에서 계획한 전도 사업을 기어이 성취시켜야 한다.
순원의 수는 7~12명이 표준이다.
여왕벌이 분봉[5]하는 원리처럼 무한히 순을 생산하고 분순시켜라.
억지로 하지 말고 자연스럽게 분순되기를 기다려라.

CCC 지도자는 순장 중에서 발굴하고 키워낼 수 있다.
순장은 자신에게 누군가가 찾아올 것을 기다리지 말고,
늘 사람을 찾아다니며 전도하고 육성해야 한다.
순모임은 편리한 장소를 미리 정해 두고 돌아가면서 모이라.
밤 시간에 순모임을 같이 하는 것은 순 육성에 결정적 효과가 있다.
새벽이나 주일예배 전후도 좋다. 순의 사정에 따라서 하라.
순장의 권위와 자원은 전도의 생산 능력, 성경, 기도, 사랑, 신앙,

---

5) 여왕벌이 산란하여 새 여왕벌을 만든 후, 일벌의 일부와 함께 딴 집이나 통으로 갈라 옮김.

성령의 영적 권위에서 나온다.
필요한 경우, 순장은 순원들과 더불어 3~4일 정도의 리트릿을 하라.
미숙한 순장이더라도 새신자를 키우게 하면 성장한다.
순장도 순원도 완성된 것이 아니라 항상 자라고 있는 과정에 있다.
그런 의미에서 다른 사람을 가르치고 돌보게 하면 배우게 된다.

순원은 성경을 책별로, 제목별로, 인물별로 연구하고 발표하라.
모든 순장과 순원은 전도 강습회(LTC)에서 교육을 담당하거나 도울 수 있다.
순원이 만나고 있는 사람이 있다면, 다음과 같은 단계로 분류할 수 있음을 참고하라.
태신자(胎信者)는 접촉 중에 있는 자, 영신자(嬰信者)는 4영리 결신자,
유신자(幼信者)는 초급반 기초 훈련 수료자,
소신자(小信者)는 중급반 수료자, 성신자(成信者)는 순장 후보자급이다.

순장은 다음와 같이 규모와 지역에 따라 여러 형태로 분류할 수 있다.
소순장(7~12인의 머리), 중순장(7~10순의 머리), 대순장(70~100순의 머리), 연순장(700~1,000순의 머리), 전순장(7,000~10,000순의 머리), 총순장(한 지역의 책임자), 동(리)순장, 면순장, 읍순장, 군(구)순장, 시순장, 도순장.
순장은 매년 학점 체계의 단계적이고 지속적인 교육을 받는다.
순장은 순원들에게 '나의 광세'를 쓰게 하라.
성구 명상, 기도일지(주님과 나만의 대화, 참회록, 기도제목, 응답),
전도일지(간증, 감사)를 주축으로 기록하면 내면생활을 더욱 풍성하게 해준다. 그것을 모아 출판하면 좋은 유산이 될 것이다.

순원들에게 10명의 불신자 이름을 적어 내게 하라.
순원들이 그들을 위해 기도하고, 편지와 카드, 책 등을 보내고,

순장은 자신의 시간을 낼수록
시간을 생산할 수 있고,
시간의 양을 질로 바꾸어 쓸 수 있다는 사실을 믿으라.

4영리(THE FOUR)를 전하고, 심방하고, 집회에 초대하고,
사랑을 전하고 돌보게 한다.
순원들에게 효도를 적극 강조하고 순원의 부모 생신 때는 심방하며,
순원의 가족 중 불신자를 위해 서로 기도한다.
둘씩 짝지어 불신 가족을 상호 심방하여 전도한다.
순원은 적극적이고 신앙적이고 긍정적인 사고를 하고, 부정적인 누룩은
전략상 사랑의 대상으로는 생각하되 순에서 제외하도록 노력하라.
그 한 사람의 부정적 태도 때문에 전염병적 연쇄 반응이 일어날 수 있다.
순원들끼리 절대로 분노하거나 신경질을 부려서는 안 된다.

순원에게 서서히 4대 절대를 주입시켜라.
절대 신앙(Total acceptance), 절대 헌신(Total commitment)
절대 훈련(Total discipline), 절대 행동(Total action).
각 순마다 전도 목표를 정하고 지역 복음화를 담당하라.
순원 12명을 만들려면 적어도 60명은 만나야 한다.

교사순, 어머니순을 비롯해 마을마다, 기관마다, 학교마다, 교회마다
집중해서 힘을 모으는 순 하나를 확보하라.
직능별 순은 다음과 같이 구분한다.
들풀순(빈민굴, 저변층), 칡순(직공, 노동자, 구두닦이, 신문팔이 등),
교회순(교회 요원들), 고구마순(농민들), 선생님순, 노인순, 학생순,
어머니순. 부인들이 하는 계모임을 모두 성경공부 모임으로 바꿔
어머니순을 시작해야 한다.
그들을 위한 생활의 지혜, 건강 관리, 요리법, 육아법, 원예 등 다양한 교양
프로그램도 마련해 그들을 초청해 복음을 전하라.
순은 영화, 특별 강의 등에 새 회원을 초대해

순과 함께 할 수 있도록 노력하라.
각 직능별로 종순(種筍, 모델이 되는 첫 순) 하나를 실험적으로 육성하라.
순원의 참여도와 역학 구조는 부채살과 같이 중심에서 멀어질수록
그 영향력은 약해진다. 그러나 원자핵처럼 순의 중심이 강력하다면
회색 의견이나 반대 의견을 가진 소수의 사람도
결국 적극적으로 우리의 복음화 운동에 참여하게 되고 동질화된다.
순의 주요 임무는 불신자 전도라는 사실을 명심하라.
순 조직에 기성 집단이나 동아리를 집단적으로 가입시키는 것은 위험하다.

순모임 때 해야 할 일은 다음과 같다.
은혜로운 찬송을 반복하여 부름, 돌아가며 생활 간증(특히 감사할 일),
순에서 응답된 기도를 나눔. 성경공부, 돌아가며 30분 정도 기도
(서로를 위한 기도, 태신자 이름을 들어 기도, 기도제목 분담 기도,
민족과 세계 인류를 위한 기도), '나의 팡세'(신앙 일지)를 쓰기,
성경 연구 노트를 쓰기, 순원 심방 과제,
둘씩 짝지어 손을 맞잡고 기도를 하게 하라.

순원은 매일 각자의 이름을 불러 기도하게 하라.
그렇게 하면 나를 위해 매일 기도하는 사람이 12명이나 되는 셈이다.
또 순모임 때는 자신을 위한 기도 요청을 서로에게 하라.
순원들은 그 사람의 이름과 기도 내용을 수첩에 적는다.
성령 충만을 항상 반복하여 강조하라.
특히 사랑을 강조해서 가르치라.
끊임없이 쉽고 기쁘게 할 수 있는 그날그날의 행동 과업을 주라.
중단하면 약해진다. 혈관처럼 서로 교류가 있게 하라.
순장은 보험 회사 설계사를 생각하라.

100명을 만나면 1명이 보험에
가입하는 확률을 믿고
여러 사람을 만나면서 알곡 같은 보험 가입을 성사한다.
한국에서는 4명을 만나면 1명이 결신한다.
순도 높은 한 순을 만들면 복음을 위한 또 하나의 기지가 마련되는 셈이다.
한 순이 40명 정도의 태신자와 50명 정도의 영신자를 데리고 4박 5일간
사랑방 훈련을 하면 90%가 동질화된다.
마치 부화기로 병아리를 생산하는 것과 같다.
순은 생명을 전달하는 가장 이상적인 환경이다.
순장이 100℃의 열도와 100%의 순도를 가졌다고 할 때,
보조 순장 한 명만 있으면 10~20명을 키워낼 수 있다.
순원과 100시간을 같이 먹고 자고 하면서 100℃의 열도와 100%의 순도를
똑같이 가질 수 있도록 할 수 있다.
사랑방 교육을 받은 순원의 98%가 변화를 경험한다.

4장. 손의 역할, 주님이 제자들의 발을 씻어 주신 것처럼

5

순의 목적, 전도와 육성과 파송이라는 전략적 임무으로

순의 목적,
전도와 육성과 파송이라는
전략적 방법으로

전도(Win), 육성(Build), 파송(Send), 이 3중 목적은
민족복음화를 정한 기한 내에 성취하기 위한 전략적 방법으로,
순이 이를 효과적으로 수행할 수 있다. 순은 불신자를 전도하는 그물이다.
순은 민족복음화운동을 성취하기 위해
전도와 육성과 파송을 하는 작은 발전소다.
순은 모여서 운동을 일으키는 영적 활동의 단위다.
그리스도인의 운동은 모임에서 일어난다. 사랑과 기도를 모으고
믿음과 성령의 은사를 경험하고, 몸과 마음과 시간과 물질을 숯불처럼
모으면 순은 성령의 용광로가 될 것이다.
그렇게 모아진 영적 분위기 속에서 서로 배우고 그 배운 것을 전해야 한다.

순의 목적 달성을 위한 7가지 전략 자원은 사람(Man), 말씀(Message),
방법론(Method), 재료(Material), 동기 부여(Motivate), 만남(Meeting),
재정(Money)이다.

사람(Man)은 미쳤다고 할 만큼 절대 신앙의 사람, 기도의 사람,
말씀의 사람, 전도의 사람, 성령의 사람, 사랑의 사람,
형제화된 합심의 사람, 사도행전에서 금방 튀어나온 사람이어야 한다.
자신은 죽고 하나님이 산 사람으로 4대 절대의 사람이어야 한다.
4대 절대는 절대 신앙(성경 말씀에 근거한 하나님에 대한 절대적 믿음),
절대 헌신(최소한 사유재산을 포기할 수 있는 헌신, 주님께의 헌신, 민족의
입체적 구원에의 헌신, 형제들에의 헌신),
절대 훈련(평생토록 지속적인 사랑방 훈련), 절대 행동(전도 실천)이다.

말씀(Message)은 민족복음화의 비전, 입체적 구원과 전인 구원,
메시아(예수 그리스도)의 혈육화, 메시아의 절대적 메시지,
부르다가 죽을 이름, 사람을 미치게 하는 이름인 예수,
그 밖의 다른 언어에 흥미를 잃어버리게 하는 이름인 예수를 전한다.
성경에 나타나는 메시아의 살아 있는 메시지가 각 사람과 오늘의
정치, 경제, 사회, 문화, 교육 등 모든 것을 혈육화시키고 현실화시키고,
거기서 그리스도를 보고 만질 수 있도록 역사화시킨다.
오늘의 경제 원리, 정치 원리, 교육 원리, 정신 위생,
사회 복지의 원천은 그리스도의 메시지가 되게 한다.

방법론(Method)은 사도행전의 총천연색 예수를 전한다.
전도, 기도, 말씀, 성령, 믿음, 사랑, 합심, 모임을 강조한다.
사랑방 훈련을 위한 순을 조직하고, 사랑방 순을 100만 개쯤 만든다.
전 신도를 순장으로 훈련시킨다.
전도를 위한 힘의 조직화, 단결, 집약화를 모색한다.

재료(Material)는 LTC 교재, 성구 암송 카드, 10단계 주제별 성경교재,

순론, TC(쉽게 전수할 수 있는 신앙 개념), 성경이다.

동기 부여(Motivate)는 대중에게 복음을 전하고
승법번식 방법을 동기 부여해야 한다.
30만 명 단위의 훈련이 매년 필요하다.
전인 구원, 입체적 구원, 민족 구원, 현실 구원의 비전을 제시한다.
청년 학생이 불씨가 되고 핵이 된다.
제2의 이스라엘적 소명의식을 불어 넣는다.
모임, 뭉침, 운동 역학을 만든다.

만남(Meeting)은 사랑의 삼각관계의 만남, 누구나 언제 어디서나
어떤 상황에서나 예수의 이름으로 사랑의 대화가 되고 동의가 이뤄지고
만나게 되는 제3의 장소다(마 6:33~34; 11:28, 행 3:1~10).
예수 그리스도는 인간 궁핍, 모든 갈증, 질병, 죄, 고민, 죽음, 불안 등을
해결하는 전인적인 충족이며 구원이다.
인간의 전 영역에 걸쳐 그리스도는 차고 넘치는
구원의 만남, 사랑의 만남이 된다.
어떤 이들은 "거지는 거지 신세를 벗어나서 내게 오라.
죄수는 복역을 마친 후에 오라. 고민하는 사람은 고민거리가 다 지나간
다음에 오라. 사법 고시에 몰두한 사람은 고시 합격 후에 오라.
실연한 사람은 그 상처가 아문 후에 오라.
부도 수표를 낸 사람은 그 문제 해결 후에 오라.
빚진 사람도 빚 갚은 후에 오라."고 말한다.
그러나 복음이 이처럼 말뿐이며
오늘 여기 있는 나의 구체적 상황과 현실에서의 구원이 아니라면,
복음은 누구에게도 복음이 될 수 없다.

부다가 죽은 이름, 사람을 미치게 하는 이름인 예수,
그 밖의 다른 언어에 흥미를
잃어버리게 하는 이름인 예수를 전하라.

나사렛 예수만의 구원으로 모든 것이 충족된다고 믿자.
그리스도의 구원과 치료와 새롭게 하시고 살리심의 능력이
가난과 무지, 질병, 죄, 죽음을 만나게 하라.
사회 부조리의 모든 영역을 만나게 하라.
에스겔 골짜기의 부활 사건이 일어날 것이다.
예수 그리스도는 전인 구원, 사회 구원의 최선, 최대, 최고의 원천이 된다.
그래서 복음에 참여하는 것은 사회와 현실에 원천적으로 참여하는 것이다.
에스겔 골짜기의 해골 떼 같은 현실을 성령의 군대,
여호와의 군대로 부활시키는 것이 복음이다.
복음이 오늘 여기 있는 내 구체적인 상황에 대한 구원이 아니라면,
복음은 누구에게도 복음이 될 수 없다.
오직 나사렛 예수만으로 구원은 이뤄질 수 있다.
내가 나와 사랑으로 만나고, 나와 이웃이 사랑으로 만나고,
우리와 하나님이 사랑으로 만나야 한다.

재정(Money)은 양심 단지, 신용조합, 소비조합, 협동조합 등으로
재정 자원을 생산한다. 1,000만 그리스도인이 신앙과 협동의 힘을
잘 조직하고 왕성하게 활동하면, 경제 체질을 개선할 수 있고
복음 운동 재원을 풍부하게 마련할 수 있다.
사회 복지의 상당 부분을 책임질 수 있다.
모든 그리스도인의 금융 흐름을 한 창구로 일원화시키면
그 이자만으로도 우리나라 전 국토를 개발할 수 있을 것이다.
수십만 명의 성도가 유산을 포기하고 헌금한다면
세계 최대의 예수 재단, 선교 재단을 조성할 수 있다.
실업인(實業人)들이 신앙으로 정성을 모으면,
매년 많은 액수의 선교헌금을 할 수 있다.

각 순마다, 지역 복음화 운동마다 복음화 자금은 자립을 원칙으로 한다.
복음화 운동에 필요한 돈은 주님이 반드시 주신다.
주님께 오병이어를 드리면 쓰고도 남는 기적이 일어날 것이다.

철저히 개인화된 육성을 하라.
사랑의 모육법으로 사도행선과 같은 분위기 속에서 육성하라.
성경에서 튀어나온 사람들처럼, 그물코처럼 서로 관계를 맺으라.
영적 생산을 하라. 순은 어머니의 태처럼, 나룻배처럼, 학교처럼
많은 사람이 그곳을 거쳐 가는 동안 생산하고 키운다.
순이 일단 생겨나서 복음의 열매를 맺는 작업을 수행하기 시작하면
전투 중에 부대원이 바뀌어도 그 부대는 계속해서
전투 임무를 수행하는 것과 같이 복음을 전하는 일을 감당해야 한다.

순은 사랑과 친교의 장소다. 사람은 무한히 고독하다.
사람은 서로 사랑함으로써 인간성이 완성되며, 사랑을 받고 싶어 한다.
순은 신령한 뜻으로 맺어지고 결의한 형제이며, 제2의 가족이므로
심리적, 영적으로 사랑의 풍성한 원천이 된다.
순은 교육의 장소다. 순은 예수 전달의 가장 알맞은 환경을 조성한다.
사람은 누구나 배우기를 좋아하고 가르치기를 좋아한다.
순은 예수님을 배우고 전달하는 데 최선의 교육 환경을 조성해 준다.
순은 반드시 세포처럼 무한히 번지고 들풀처럼, 고구마 순처럼 뻗어가는
특성과 힘을 가졌다.
교회를 순 체제로 전환하라. 교회의 많은 모임은
연자 맷돌을 돌리듯 형식적이고 기계적으로 운영되고 있다.
순론을 배운 목사님 중에 교회를 순 조직으로 전환한 결과,
모든 기관이 생세포 조직처럼 생기 있게

살아 움직인다는 소식을 자주 듣는다.
먼저 핵심 교인들에게 전도훈련(LTC)을 시켜라.
교역자가 온 힘을 다해 지도하는 가운데 남자 종순 하나,
여자 종순 하나를 키워 영적 핵역학의 구심력을 만들고, 교인들 속에
이 순과 맥을 같이하는 영적 분위기가 서서히 일어나도록 하라.
교회를 전도, 전략, 전투 사령부로 삼고
수백 개의 순과 사랑방 모임을 두어야 한다.
교회가 없는 마을에는 순장이 된 교인들이
영친운동을 벌이며 성도들을 육성하게 한다.

교회는 목회의 개념과 영역을 확대해 약 10배가 넘는
인근 지역의 불신자 명단을 입수하고,
울타리 밖에 있는 양과 같은 사람들을 관심과 기도로
끊임없이 전도해서 사랑의 목회를 시도해야 한다.
사랑받을 필요가 없을 만큼 부요한 자도 없고
사랑을 줄 수 없을 만큼 빈곤한 자도 없으니
사랑과 영적 소유는 나눠 주면 나눠 줄수록 커지는 법이다.
사랑을 증대시키는 비결은 나의 사랑을 나눠 주는 것이다.

6

순의 증거, 찐자가 뒤집히고 생사를 걸 만큼

순의 증거,
천지가 뒤집히고
생사를 걸 만큼

"내 증인이 되리라"(행 1:8b)
"그리스도께서 만일 다시 살아나지 못하셨으면
우리가 전파하는 것도 헛것이요 또 너희 믿음도 헛것이며
또 우리가 하나님의 거짓 증인으로 발견되리니
우리가 하나님이 그리스도를 다시 살리셨다고 증언하였음이라
만일 죽은 자가 다시 살아나는 일이 없으면 하나님이 그리스도를 다시
살리지 아니하셨으리라"(고전 15:14~15)
"이러므로 우리에게 구름 같이 둘러싼 허다한 증인들이 있으니
모든 무거운 것과 얽매이기 쉬운 죄를 벗어 버리고
인내로써 우리 앞에 당한 경주를 하며"(히 12:1)
"우리가 들은 바요 눈으로 본 바요 자세히 보고
우리의 손으로 만진 바라"(요일 1:1b)
"이 예수를 하나님이 살리신지라 우리가 다 이 일에 증인이로다"(행 2:32)
"우리는 보고 들은 것을 말하지 아니할 수 없다 하니"(행 4:20)

"만일 저 나사렛 예수가 죽었다가 다시 살아났다는 사실이 확증만 된다면 나는 나의 전 존재를 다 바칠 용의가 있다."라고 누군가가 말했다.
그는 예수의 제자인 도마 같은 태도를 보였다.
열한 제자들은 부활하신 주님을 만나고
심장이 폭발할 듯한 감격과 흥분으로 가득했다.
제자들이 도마에게 예수님의 부활을 증거할 때,
도마는 "내가 그의 손의 못 자국을 보며 내 손가락을 그 못 자국에 넣으며 내 손을 그 옆구리에 넣어 보지 않고는
믿지 아니하겠노라"고 말했다(요 20:25b).
이 일이 있은 지 8일이 지나 주님은 도마에게 나타나
"내 손을 보아라. 또 네 손을 내밀어 내 옆구리에 넣어 보라.
그리고 믿는 자가 되라"고 하시자 도마는 바로
"나의 주님이시요 나의 하나님이시니이다"라고 고백했다(요 20:28b).

지성인은 마음속으로 "저 많은 교회 뾰족탑을 보라.
그리고 저 많은 무리가 성경을 끼고 교회로 가는 것을 보라.
저 일은 모두 2,000년 전 억울하게 죽은 로마의 한 무명 사형수,
예수라는 사람의 신화 때문이다."라고 말할 것이다.
또 다른 돈키호테적 순교자는 "희망도 목적도 의미도 없는 인생,
마땅히 자살해 버려야 할 의미 없이 내던져진 모래알 하나 같은
덧붙이기 인생이지만, 신화적 예수의 이야기에 속아 살도록 열심히
설교하는 것이 바로 순교적 행위이다."라고 말할 것이다.
이는 순교 망상증에 걸린 사람이다.
어떤 말쟁이는 이렇게 수다를 떨 수도 있다.
"예수는 종교적 천재다.
그는 가난한 사람들에게 천국을 약속해 놓고

살을 깎고 가죽을 벗겨가도 그것을 감수하도록 했다."
실제로 마르크스는 "종교(주로 기독교)는 인민의 아편"이라고 했다.
어떤 이는 설문지의 취미란에 음악, 영화, 독서가 아닌 '기독교'라고 적었다.
피 흘려 죽으신 나사렛 예수의 복음이 고상한 문화인의 교양이나
액세서리로 전락해 버린 경우도 있다.
기독교가 심리적으로 도덕적으로 유익하다는 정도의 인식은
거의 상식이다.
그러나 성경의 예수, 베드로와 바울을 비롯한 구름처럼 둘러싼
수많은 증인이 믿고 증거한 기독교는 그런 것이 아니다.
바울은 "내가 사는 것이 아니요
오직 내 안에 그리스도께서 사시는 것이라"고 했다(갈 2:20).
사도행전의 사람들과 그리스도의 이름을 부르면서 진실되게
2,000년 동안을 살아 내려온 사람들이 세상 사람들의 눈에는
성령에 끌려다니고 그를 위해 죽어 가는 사람들이었다.

만일 그리스도의 사건이 사실이고 그가 약속하신 것들이 사실이라면,
이 사실은 인간에게 천지가 뒤집히고 생사를 걸 만큼
충격적인 사실이 아닐 수 없다.
만일 참으로 독생자를 대신 죽게 할 만큼 하나님이 나를 사랑하시고(요
3:16), 예수 그리스도는 나를 대신해 죽으셨다가 부활하시고
나의 기도를 들으시며, 순간마다 눈동자처럼 지켜 주시고,
성령과 영생과 평안과 사랑과 능력을 믿고 기도할 때 은혜로 주실 수 있다면
이 소식은 사상 최대의 천지개벽할 소식인 것이다.
그런데 기독교 신앙의 대상과 원천은 사색도 사상도 신화도 아니고
흔히 말하는 신이나 초월자도 아니다.
기독교의 원천은 예수 그리스도다.

만일 참으로 독생자를 대신 죽게 할 만큼
하나님이 나를 사랑하시고,
예수 그리스도는 나를 대신해 죽으셨다가 부활하시고
나의 기도를 들으시며, 순간마다 눈동자처럼 지켜 주시고,
성경과 영생과 평안과 사랑과 능력을 믿고 기도할 때
은혜로 주실 수 있다면
이 소식은 사상 최대의 천지개벽할 소식이다.

그는 베들레헴 구유에서 2,000여 년 전 어느 날,
어느 시에 동정녀 마리아에게 나셨으며 본디오 빌라도에게 고난을 받아
십자가에서 죽으시고, 아리마대 요셉의 무덤에서 사흘 만에 살아나셨다.
그 죽음과 부활, 성육신과 구속주 되신 것이 신앙의 대상이요 원천이다.
기독교는 피와 살의 종교다.
역사적 사건의 종교요, 시간과 장소와 아들처럼 부르는 이름들의
종교다. 기독교만큼 비관념적인 종교는 없다.

어머니라는 사실은 어머니이든가 아니든가 하나일 뿐이지
그 이상도 그 이하도 그 이외일 수도 없다.
둘에 둘을 더하면 넷이 된다는 것은 정답이요 사실이니
천지가 변하고 온 인류가 공동 결의를 한다 해도
그 이상이거나 그 이하이거나 그 이외일 수 없다.
내가 '나'인 사실도 바꿀 수도 바뀔 수도 없는 하나밖에 없는 사실이다.
내가 태어난 시간도 바꿀 수 없는 사실이다.
기독교는 예수 그리스도의 사건이 사실이냐 아니냐에 따라
그 생존이 달려 있다.
신약성경의 사도들과 수백만, 수천 명의 순교자들이 증거한 일 중
어느 것 하나라도 거짓이라면 모든 것이 거짓 기록이 될 것이다.
그러나 그것이 참이라면 당신의 인생을 걸어야 할 진리가 된다.
이제 그리스도 사건의 사실성 앞에서 순도 100% 참이냐 가짜냐의
선택 앞에 서 있는 것이다. 정상적 양식을 가진 대학생들과 지성인들에게
여인이 낳은 자 중에 일찍이 사상 최대의 두덕적, 정신적, 영저 감화를 끼친
분이 누구냐고 물으면 80%는 나사렛 예수라고 대답한다.
죽은 사람들까지 한자리에 모아 그중에 가장 진실되고 성스러운 사람들을
골라내서 한 생애와 한 목숨을 녹여,

한마디만의 진실한 증언으로 표현하라고 한다면
그들은 하나같이 예수 그리스도의 사실성을 증언할 것이다.

그리스도 사건의 진실을 증언하기 위해서만큼
많은 목숨을 바친 사례가 다른 곳에는 없다.
이 사실을 사실대로 믿는 것을 신앙이라고 하고,
이 사실을 사실이 아니라고 믿는 것을 불신이라고 하며,
사실이 아닌 것을 사실처럼 믿는 것을 미신이라고 한다.
사실만큼 진실된 것은 없다.
사실만큼 순수한 것도 없다. 사실 이상의 진리는 없다.
비록 그 사실이 내게 불리할지라도 사실을 수락하려는 용기와 진실이
참 슬기요 진실이요 인격의 용기다.
기독교가 사실이 아니라면 그것이 내게 아무리 유익하다 할지라도
나는 그것을 고발할 것이다.
그러나 그리스도는 "나는 진리이다."라고 말씀하신다.
기독교의 진리성과 사실성은 통계학적 진리다.
임상학적으로 증명된 사실이다.
오늘날 법정에서 사실성 심리의 근거는 증인과 증거와 판검사의 심증이다.
그리스도를 믿는 진실한 사람들에게 물어본다면
그리스도의 말씀마다 사도들의 증언마다 목숨을 걸고 그것이 사실이라고
증언할 것이다.
우리는 그리스도 사건 앞에서 중성적인 태도를 취할 수 없기 때문이다.
그를 '나의 주, 나의 하나님'으로 고백하며 무릎을 꿇든지,
그를 무시하든지 해야 한다.
그를 '나의 주, 나의 하나님'으로 고백하면 속죄, 영생, 기도 응답, 성령, 은총,
칭의, 기쁨, 소망, 사랑, 평안, 하나님의 자녀가 되는 권세, 부활, 심판, 재림,

생사화복 등을 주시겠다는 백 가지 약속을 했다.
이것들은 모두 우주보다 더 소중한 것이다.

이 모든 약속을 회개와 믿음과 기도로 받기만 하면 모두 나의 것이 된다는
성경의 약속이 만일, 진실로, 참으로 사실이라면 우리가 미칠 수밖에 없는
희소식이요 놀라운 소식이다.
반면, 이 약속이 사실이 아니라면 인류사의 최대 진실들은 최대 사기
사건이거나 미친 사건이 된다. 그렇게 되면 허무와 장난만이 남을 것이다.
그러니 형제, 자매들이여 귀를 기울여라!
"수고하고 무거운 짐 진 자들아 다 내게로 오라
내가 너희를 쉬게 하리라"(마 11:28)
"내가 세상 끝날까지 너희와 항상 함께 있으리라"(마 28:20)
"나의 평안을 너희에게 주노라"(요 14:27)

이 부름은 누구에게나, 언제 어디에서나, 어느 생활에서나
받을 수 있는 약속이다.
가난한 사람, 거지, 암 환자, 실연한 사람, 죄지은 양심, 자살 직전의 사람,
옥중의 죄수, 병자, 창녀 그 누구도 상관없이 받을 수 있다.
그런 사람에게 그 구체적인 상황에서 실제적 구원이 될 수 없다면
복음은 사기다.
복음은 전인 구원, 상황적 구원에 모자란 것이 없는 완전한 구원이다.
나는 창녀와 거지와 죄수들에게는 그리스도와 그 무엇(돈, 약, 취직, 교육,
사회적, 심리적 구원)이 있어야 복음 진도라고 생각했다.
그러나 사도행전 3장 6~8절을 보고 깨달았다.
사도 요한과 베드로가 성전 미문에 앉았던 나면서부터
못 걷게 된 거지를 보고 한 말씀에서 지금 당장 돈이나,

지식이나, 취직이나, 사회 개혁이 없더라도
그리스도만으로 모자랄 것이 조금도 없는 완전 구원이 이루어진다.

"베드로가 이르되 은과 금은 내게 없거니와
내게 있는 이것을 네게 주노니 나사렛 예수 그리스도의 이름으로
일어나 걸으라 하고 오른손을 잡아 일으키니
발과 발목이 곧 힘을 얻고 뛰어 서서 걸으며
그들과 함께 성전으로 들어가면서 걷기도 하고 뛰기도 하며
하나님을 찬송하니"(행 3:6~8)

또한, 수많은 예를 직접 보고 들어 경험한 나는 이제
그리스도만으로 내 민족 하나하나를
영원히 당장 행복하게 해 버릴 수 있다고 증언하고 싶다.
그것이 사실이 아니라면 그리스도는 전혀 복음이 아니다.
인간 상황을 극복하고 초월하여 더욱 찬송과 감격과 감사와 사랑과 기쁨과
평화의 승리를 체험하는 것이 복음이 아니라면, 나는 오늘 당장
전도를 중단하겠고 복음은 누구에게도 기쁜 소식이 될 수가 없다.
오히려 복음은 가난한 자와 병든 자와 고난 당하는 자와 압제당하는 자와
고민하고 불안하고 허무하고 절망하고 외롭고 죽어 가는 사람에게
더욱 필요한 기쁜 소식이 된다.
나는 이 사실의 증인이요 증거물로서 나의 전 존재를 녹여 바쳐도
아깝지 않다. 복음은 증인 없이는 전달되지 않는다.

어떤 사실의 옳고 그름을 판단하는 법정에서
너무도 절실하게 증인이 필요했다. 두 목격자가 있었는데
한 사람은 이론가요, 다른 한 사람은 소박한 농부였다.

복음은 가난한 자와 병든 자와
고난 당하는 자와 압제당하는 자와
고민하고 불안하고 허무하고 절망하고 외롭고 죽어 가는
사람에게 더욱 필요한 기쁜 소식이 된다.
나는 이 사실의 증인이요 증거물로서
나의 전 존재를 녹여 바쳐도 아깝지 않다.

수백 명의 청중과 판사와 검사가 그 지식인 이론가에게 사실 증언을
부탁했더니 그는 서론, 본론, 결론으로 이론을 세워 열 가지 항목으로
제1의 판정으로 보면 이렇게 해석되고, 제3의 입장에서는 저렇게 볼 것이고,
제7의 검은 안경을 쓰고 보면 검게 보일 것이며,
제9의 주관은 이렇게 확대 해석되고, 제10의 종합 결론은 이것, 저것도
아니고 하면서 무엇인지 모를 이야기를 늘어놓았다.
그의 말은 유창하고 논리가 정연하고, 예화도 해박하고 열을 올려 말했지만,
사실을 사실대로 말하는 증언을 듣기 위해 모인 사람들은 분개했다.
"여보시오, 우리는 사실을 알고 싶습니다. 우리가 필요한 것은 사실입니다.
사실만을 증거해 주십시오."
그때 농부에게 증언을 요청했더니 그는 본 대로 들은 대로
흰 것은 희고 검은 것은 검다고 하면서 몇 마디 말로 증언했다.
그 농부는 증인으로서는 가장 이상적인 진실한 증인이었다.
예수 그리스도는 우리에게 작은 그리스도와 그리스도의 증인들이 되어
달라고 부탁하신다(행 1:8).

사도행전에 나오는 충성되고 단순하고 소박한 갈릴리 어부 베드로와 같은
증인이 오늘처럼 절실히 요청되는 시대는 없다.
수준 높은 지성으로 그리스도를 전해야 한다는 이야기는 오해다.
한국의 사도행전, 민족의 예수 혁명은
이 증인들의 증언으로만 이루어질 것이다.
예수 그리스도의 전도는 증인들의 증언을 통해서
성령님이 전달하는 것이다(행 1:8, 요 14:16~17, 고전 1~2장).
예수 그리스도의 피 묻은 복음의 증언이 없고
전도의 생산이 없는 기독교의 논설이나 설교는,
높은 지성으로 포장할수록 사이비적이며 유치하고 낡은 것이며

불성실하며, 자기도 모르고 남도 모르게 일부러 쉬운 것을 어렵게 만드는 생명의 추상화이며, 지식의 희롱이며 무모한 것이다.
전도의 열매가 없다면 어떠한 기독교 작업도 심각한 비판을 받아야 하며 철저히 회개해야 한다.

사르트르(Jean-Paul Sartre)는
"서구의 최고 지성인들은 나갈 길이 없다."고 말했다.
푸코(Michel Foucault)는 "나갈 길이 있는데 미치는 길과 자살하는 길"이라고 했다. 어느 미래학자가 컴퓨터에게 인류의 미래의 소망에 관해 묻자 소망이 전혀 없다는 결론이 나왔다고도 한다.
그러나 나갈 길은 있다. 오직 한 길만 남아 있다.
주님은 "나는 길이며 부활"이라고 말씀하신다.
그리스도는 우리의 투철하고 선명한 순도 100%의 증언으로만
구원의 능력이요 길이 되는 것을 아무리 강조해도 지나침이 없다.
우리의 사태는 너무도 심각하다. 복음화냐 아니면 멸망이냐.
이 선택은 이제 발등에 떨어진 불이다.
전 기독교인이 24시간 내내 한목소리로 '그리스도는 주'라고 증언해야 할 시기가 왔다. 우리는 베드로처럼 충성된 증인이 되어야 한다.

7

순의 묘행, 인생의 재은점 체험 가지 순례 전도

순의 모험,
인생의 제로점 체험
거지 순례 전도

가난하고 고달픈 형제를 끌어안고 울며
주의 복음을 전하는 20세기 후반기 최대의 거지 전도단을 파송하고 싶다.
거지는 어느 시대, 어디에나 있었다. 그리고 거지를 인생의 쓰레기로,
낙오자나 불행한 사람의 대명사로 여겨온 것이 통념이다.
그러나 특별한 거지가 있다.
자진해서 거룩한 거지로 사는 자들이 있다.
고대 그리스의 철학자 디오게네스(Diogenes)는 거지였다.
석가도 거지였고, 성 프란치스코(Saint Francis of Assisi)도 거지였다.
주님도 "여우도 굴이 있고 공중의 새도 거처가 있으되 인자는 머리 둘 곳이
없다"고 말씀하신 대로 거룩한 거지였다(마 8:20).

주님은 사도들 12명을, 또는 70명을 둘씩 짝을 지어
동리마다 보내시면서 "여행을 위하여 아무것도 가지지 말라.
지팡이나 주머니나 양식이나 돈이나 두 벌 옷이나 신발까지도 가지지 말고

찾아간 집에 머무르며 주는 것을 먹고 마시라."고 말씀하셨다(눅 10:4, 7).
아마 사도행전의 원시 교단에 속했던 사람들은
거룩한 사랑의 순례 전도단이라 해도 틀림이 없을 것이다.
중세 수도사들이나 그 많은 순례자와 성자들이 모두
아무것도 가지지 않은 거지였다.
무전여행을 스포츠처럼 여기며, 청춘의 낭만으로 즐기는 이들도 있다.
보따리 장사도 그런 사람이고,
조선 시대 유명한 방랑자 김삿갓도 그런 사람이었다.
그것은 인생의 제로점 체험이기도 하다.
최근에 어느 이름 모를 거지 성도가 이곳저곳을 다니며 전도한다는 말을
들었다. 그는 버려진 쓰레기에서 음식을 주워다 씻어서 끓여 먹고 사는데
그 누구보다도 많은 이들을 전도한다는 것이다.

내일을 위하여 염려하지 말고
무엇을 마실까 무엇을 먹을까 염려하지 말라고 말씀하신 주님은
들의 백합처럼, 공중에 나는 새처럼 자유로이 사셨을 것이다.
바울은 "돈을 사랑함이 일만 악의 뿌리"라고 했다(딤전 6:10).
한 달간 거지 생활을 해 본 친구의 이야기를 들었다.
친구는 마음이 가난한 중에서도 그렇게 자유롭고 그렇게 풍성한 삶은
처음이었다고 말했다.
인간과 인정에 부딪히며 고독과 사랑을 맛보는 생활이었다고 한다.
도를 닦는 여러 방법 중에서 거룩한 거지가 되어
주님의 가난과 고난에 동참해 보길 권한다.
민족의 가슴마다 그리스도를 심어
푸르고 푸른 그리스도의 계절이 올 수 있도록
복음을 들고 산수 따라 인생 따라 이 땅을 밟길 바란다.

그러다가 어느 따뜻하고 인정 많은 집 사랑방에서 자고
아무도 재워 주는 사람이 없는 날은 이름 없는 무덤가나 동굴 속에 누울 때,
우리는 주님의 겟세마네를 생각하며 최고의 인생 시를 쓸 수 있을 것이다.

나는 나의 사랑하는 제자들 곧 CCC 형제들 20만 명이 한 달씩
전국 마을에 흩어져 있는 가난하고 고달픈 형제들을 찾아 끌어안고 울며
복음을 전하도록 20세기 후반기에 최대의 순례 전도단을 파송하고 싶다.
5만 9천여 마을에 거지 전도단을 파송하고 싶다.
그러면 그들은 그 거지 생활 경험을 살려서 최소한의 돈으로
한 달을 살아가는 재주도 배우고
수많은 민족복음화의 요원도 만들어 낼 수 있을 것이다.
돈 안 드는 전도 운동 구상,
이것이 우리의 최대 기도제목이 되어야 하지 않을까?

8

순이 직독, 비싼시대 이상의 건물들으로

순의 전략,
비상사태 이상의
긴급함으로

본래 '전략'이라는 단어는 전쟁 용어다.
복음 전도의 긴급성과 필요성과 중요성은 비상사태 이상의 전쟁 사태다.
이 전쟁에는 사느냐 죽느냐,
영원히 사느냐 영원히 죽느냐의 운명이 달려 있다.
살 수 있는 다른 길은 없으니 이 사태가 아주 중요하고 긴박하다.
예수만이 구원이다. 그 외에는 구원이 없다.
예수 믿고 하나님의 자녀가 되어 영원한 생명을 얻으라(요 1:12; 3:16).
이것이 전도의 대전제이다. 타협이 있을 수 없다.
전체냐 무(無)냐, 순도 100%냐 제로냐의 양자택일만이 남아 있다.
요즘 들어, 전도니 구원이니 하는 개념이 변하고 있다.
우리나라에서도 개인의 영혼 구원이냐 사회 구원이냐,
개인의 심령 복음화냐 사회 복음화냐 중 어디에 강조점을 두느냐 하는 것이 커다란 이슈로 등장하고 있다.

복음 전도란 넓은 의미로는 교회가 세상에게 주는 직접, 간접의 영향과
그 활동 전체를 포함한다. 그러나 복음 전도의 본질은
그리스도인이 성령의 능력으로 예수 그리스도를 소개해 각자가 개인적으로
그리스도를 나의 주, 나의 하나님으로 믿고 영접하여
하나님의 자녀가 되며 그리스도의 제자가 되고
교회의 지체가 되도록 권하는 것이다.
오늘날 교회의 당면 과제 중 하나는
인간과 사회 전반에 선을 권하고 악을 제거하는 작업이다.
또한, 교회에는 사람들을 질병과 무지와 빈곤과 억압에서 벗어나게 하여
해방과 자유를 누리도록 하는 사명이 있다.
분명히 이 일은 선한 일이고 하나님이 원하시는 일일 것이다.
그러나 그것이 곧 복음 전도라고 말할 수는 없다.
예수를 믿고 성령으로 거듭나는 일보다 더 근본적인 혁명은 없다.
복음 전도에 참여하는 것보다
더 근본적이며 시급하고 중요한 현실 참여는 없다.
그러므로 복음 전도의 시기보다 더 중요하고 급한 비상시기는 없다.

복음 운동의 시기를 생각하자.
신자나 불신자나 지금이 종말적 시기임을 느끼고 있다. 그 이유로는
첫째, 환경 오염 문제를 들 수 있다. 물과 대기와 토양이
심각하게 오염되어 지구의 생물들이 생태학적 위협을 받고 있다.
둘째, 핵전쟁, 인구 폭발, 자원 고갈 등의 위기도 파국[6]적이다.
셋째, 도덕적 타락도 종말적이다. 성 도덕, 퇴폐풍조를 선두로 해서

---

6) 일이나 사태가 결판이 남. 또는 그런 판국.

인간의 비도덕화 현상은 가속화되고 한계선을 넘고 있다.
넷째, 심리학적 종말도 다가오고 있다. 조현병 환자가 사회의 풍요
지수, 문화 지수에 정비례하여 급증하고 있다. 실로 인류는 정신적으로
발광 직전에 있다.
다섯째, 영적으로 묵시록적 현상이 여러 곳에서 일어나고 있다.
각종 신흥 종교가 부흥하고 있고, 주술 종교, 사탄 종교의 신들린 사람들이
나타나고 있다.
이러한 한국의 영적 상태를 볼 때, 이 시기는 복음 전도의 최후이자 최고의
기회일지 모른다. 수년 이내에 큰 부흥이 일어나야 한다(합 3:2).

전도 운동의 결과는 항상 사회 부흥과 직결된다.
앞서 언급했듯이, 1904년 전후에 웨일스와 아일랜드에서
놀라운 회개 운동과 전도 운동과 성령 부흥 운동이 일어났을 때,
매달 수십만 명씩 예수 믿는 사람이 증가하고,
술집, 도박장, 극장, 당구장이 문을 닫고 넘쳐나던 사회악이 자취를 감추고,
감옥은 비어 경찰관은 할 일이 없어졌다.
그러나 시민들은 할 일이 없는 경찰에게 월급 주는 것을 기뻐했다.
북아일랜드 조선소 직공들이 회개한 결과로 훔친 물건을 반환하는 양이
너무 많아서 회사 측은 그것을 처리하기 위하여
아주 큰 창고를 지을 정도였다.
탄광 지대의 지하 갱도에서 모두 점심시간에 기도하고 성경공부를 했다.
"먼저 그의 나라와 그의 의를 구하라 그리하면 이 모든 것을 더하시리라"는
말씀처럼 영적 **부흥** 운동이 일어나면
사회적 부흥이 함께 일어나는 것이다(마 6:33).

언제부터인지는 모르나 세계의 성령 충만한 그리스도인들의 공통된 기대 중 하나는 한국에서 성령의 놀라운 역사가 일어나리라는 것이다. 유럽이 아닌 아시아의 작은 나라에서 제2의 오순절 사건, 제2의 이스라엘과 사도행전 사건이 일어날지도 모른다는 기대가 빌리 그레이엄 집회, 전군 신자화 운동, 그리고 불길처럼 일어나는 복음화 운동 등을 통해 점점 증가하고 있다.
한국의 기독교가 공산주의를 극복하고
중국 공산당과 소련에 복음을 수출하고, 일본과 유교, 불교 등의 이교 문화권을 복음화하는 민족이 되고자 하는 영감과 기도는, 한국 그리스도인의 가장 공통된 사명처럼 받아들여지고 있다.
이런 복음화의 특수 전략 지대를 위하여
한국 기독교인은 복음의 비상사태에 들어가야 하고
전 그리스도인은 비상 전도 전략 요원이 되는 훈련이 필요하다.

사도행전 속의 사람들은 불덩어리가 굴러다니는 것 같았다.
그들의 행전은 기도 행전, 성령 행전, 사랑 행전, 전도 행전이다.
그와 같은 총천연색 부흥이 일어나지 않고는 5천만의 복음화는 이루어질 수 없다. 그렇다면 사도행전은 다시 일어날 수 있는가?
일어날 수 있다! 함께 모여 회개하고 금식하고 기도하여
공동체가 함께 성령 충만 받아 전도하고 말씀을 배우고
서로 사랑하는 운동이 일어나야 한다.
이런 것들은 분명 하나님께서 기뻐하시는 뜻이다.
앞으로 성령 운동이 전례 없는 규모로 일어날 것이다.
한번은 CCC에서 1,300명의 대학생이 성령 충만을 주제로 전도요원 강습을 받았는데, 설문에 의하면 참가자의 98%가 성령 충만을 받은 사실에 감격하고 있다.

이것은 십대들과 캠퍼스에 있는 젊은이들의 관심이 성령님께 모아지고
있다는 증거다(행 2:17).
우리는 최근에 토착화라는 문제와 씨름하고 있다.
기독교에 서구의 옷을 벗기고 한국의 옷을 입혀
기독교를 한국 땅에 뿌리박게 해 보려는 뜻이 있을 것이다.
그러나 나는 이 부분에서 다른 생각을 하고 있다.
기독교는 배타적이고 이질적이어서 어느 문화권에도 적응이 안 된다.
기독교의 운동은 항상 십자가에 달리게 되어 있다.
적응하는 것을 미덕으로 삼은 현대에서는 기독교가 저절로 어울려지기를
바라지만 한국의 복음화를 위한 과제는 다른 데에 있다.
사도행전의 모습을 따라 더욱 성령화되고, 더욱 전도화되고,
더욱 기도화되고, 더욱 사랑의 모습으로 변해야 하는 것이
오늘날의 과제다.

우리 땅에 제2의 오순절 역사가 이루어지도록 기도하자는 것은
결코 비성경적인 것이 아니다.
오히려 수많은 성경 말씀을 통해 하나님께서 약속해 주셨다.
성경의 약속을 정리하자면 아래와 같다.
에스겔 37장의 생기, 신명기 28장의 축복,
예레미야 32장 38~39절의 한마음과 한 길을 주심,
에스겔 11장 19~20절의 일치한 마음과 새 영을 주심,
시편 33편 12절의 여호와를 자기 하나님으로 삼은 나라 곧 하나님의
기업으로 선택된 백성의 복,
사도행전 2장 17~21절의 모든 육체에게 성령을 부어 주시고
청소년과 노인과 남녀 종에게 무제한으로 성령을 부어 주시며
주의 이름만 부르면 구원을 얻는다는 것이다.

복음 전도의 본질은
그리스도인이 성령의 능력으로 예수 그리스도를 소개해
각자가 개인적으로 그리스도를 나의 주,
나의 하나님으로 믿고 영접하는 것이다.
예수를 믿고 성령으로 거듭나는 일보다 더 근본적인 혁명은 없다.

민족복음화운동이 처한 문제점은 다음과 같다.
첫째, 전도를 위한 기도가 부족하다.
전도할 대상자의 이름을 수첩에 적어 매일 기도해야 한다.
또한, 전도를 위한 문을 열기 위해 두세 사람이 모이고, 교회가 모이고,
지역이 연합하여 모이면 기도의 세포가 조직된다.
모든 신자가 특별히 전도를 주제로 하여 기도를 모으는 일이 필요하다.
한국 교회가 같이 모여 기도할 수 있는 분위기를 찾아야 하겠다.

둘째, 사도행전과 같은 성령의 생기가 부족하다.
이 시대에 꼭 필요한 설교의 주제를 꼽자면,
하나는 불신자를 위한 예수를 소개하는 메시지이고 또 다른 하나는
신자를 위한 성령 충만 받는 비결을 가르쳐 주는 설교다.
민족복음화의 유일한 원천은 성령이다.
그런데 100명의 성도를 모아 놓고
성령 충만의 확신이 있는 사람은 손을 들어 보라고 하면
망설이는 자가 많다.

셋째, 전도를 위한 훈련이 부족하다.
강대국의 군대나 공산당, 신흥 종교의 지도자들은 구성원들을 가혹하게
훈련시키고 있다. 그러나 한국 기독교인의 98%는 전도 훈련을 받지 않아서
무엇을 말하고 어떻게 복음을 전해야 하는지 모르고 있다.

오늘날 교회에 시급한 것이 둘 있다.
하나는 전도이고 하나는 제자훈련이다. 바울은 디모데를 훈련시켰다.
디모데는 충성된 사람들을 가르치고 그들이 또 다른 사람을 가르치게
하여 계속해서 제자를 생산했다(딤후 2:2).

교회는 자기 교회를 넘어 전 지역, 전 민족, 전 계층 전도를 위한
기도, 헌금, 전략과 비전에 참여해야 한다.
요즘은 신학자, 목사, 전도사, 장로, 집사와 전도하는 자를 분리시켜
상관없는 것처럼 여긴다. 그러나 어느 직분을 가졌든 그리스도의 생산적인
증인이 되는 것이 가장 큰 사명임을 알아야 한다.
생산하는 전도자가 절대 부족하다.
생명 보험 판매사를 생각해 보라.
그들은 100명을 만나서 한 사람의 가입 신청을 받는다고 한다.
그래도 그들은 수십 년씩 꾸준히 노력한다.
한국에서는 네 명에게 전도하면 그중 한 사람은 예수를 영접한다는 통계가
있다. 그러나 문제는 사람을 만나려 하지 않는다는 것이다.

한국 교회 예산 통계를 보면 자기 교회 밖의 전도를 위한 예산은
전체의 5%도 안 된다고 한다.
안 믿는 사람을 위한 예산 책정이 턱없이 부족하다.
공산당에게 사유 재산을 포기하는 것은 가장 기본적인 헌신이다.
실업인들에게 그러한 열심과 헌신이 있다면 매년 10억의
전도 기금을 모을 수 있고 그 돈은 순수 복음 전도만을 위해 쓸 수 있다.
만일 300만 신도가 소비조합, 협동조합, 신용 금고 등을 지역마다 만들어서
돈 유통을 일원화하고 그것을 에너지화시킬 수 있다면
한국에서 제일 큰 주식회사가 될 것이다.

한국 교회 민족복음화운동에 있어서 또 하나의 문제점은 단위로서의
생세포화가 되어 있지 않다는 것이다.
공산당의 세포처럼 교회 조직 또는 핵심이 되는 교인 7~15명 정도의 그룹이
가정과 사랑방에서 서로 친교를 나누고 말씀을 공부하며 전도를 하여

교회 이전의 교회, 학교 이전의 학교처럼 된다면,
전도의 전략 단위가 훨씬 생동적으로 될 것이다.
이런 조직이 바로 순이다. 나는 사랑방 성경학교 운동을 발전시켜
5만 9천여 농어촌 자연 마을에 예수 세포를 만들고 있다.
우리나라 농어민 중 98%가 비그리스도인이다.
농어촌 인구는 전체 인구의 50%이다.

이런 사랑방 성경 연구회가 100만 개쯤 있으면
보다 유기적인 심층 전도가 될 것이다.
한 명의 그리스도인이 이 세포의 핵이 될 수 있다.
복음화 운동의 불씨가 필요하다.
각 교회 안에서, 그 지역 안에서 금식하고 기도하고 전도하며
전도의 불을 붙이는 사람들이 순의 구성원이다.
그들은 서로 모여 격려하고 기도하고 간증하는 것이 좋다.
새 땅을 개척하고 옥토에 심어라.
사도 바울은 "또 내가 그리스도의 이름을 부르는 곳에는 복음을 전하지
않기로 힘썼노니"라고 했다(롬 15:20a).
그리하여 그는 새 땅, 새 도시를 찾아 복음을 전하였고
먼 스페인까지 복음을 널리 전했다.
한국에 옥토는 너무나 많다.

군대 장병들, 300만의 중·고등학생, 그리고 5만 9천여 자연 마을이 있다.
특별히 자연 마을의 복음 거점을 확보하기 위해
5만 9천여 마을과 영적 관계를 맺는 영친운동을 벌이고 있다.
사회 저변층 복음화가 폭발해야 한다.
지금까지 선교사들이 복음을 전한 사회 계층은 중산층이 대부분이었다.

그러나 현대 사회의 기초는 창조적 소수나 귀족적 엘리트가 아니다.
민주주의가 가져온 평준화 경향으로 인해 정치, 경제, 사회, 문화를
혁명하는 주체 세력은 민중이다.
이것은 오늘뿐 아니라 내일의 세계이기도 하다.
초대 교회는 저변층부터 복음화했다.
프랑스나 러시아의 유혈 혁명과 같은 위기 속에서
영국 사회는 내적으로 고요하게 변화되었다.
이것은 영국의 웨슬레 운동이 저변층의 사회 심층부를 복음화했기
때문이다. "수고하고 무거운 짐 진 자들아 다 내게로 오라 내가 너희를 쉬게
하리라"(마 11:28) 이 말씀 속에서 예수님의 선교 대상을 잘 알 수 있다.
예수님의 선교 대상이던 프롤레타리아[7]를 공산당에게 빼앗기고 있는 것은
안타까운 일이 아닐 수 없다.
저변층이 원하는 것이 빵과 친절, 좀 더 나은 정치와 경제,
사회 제도라고만 생각한다면 기독교는 패배할 것이다.
원시 기독교회의 가장 깊은 욕구는 영적 갈망이었다는 사실을
잊어서는 안 된다. 사랑과 성령에 의한 영적 민중 운동이
공산당의 프롤레타리아 운동을 능가하는 것, 이것이 한국 기독교의 과제다.
청소년의 신앙 폭발이 일어나야 한다.
분노, 고발, 반항, 발광 그리고 허무주의.
세계 청소년층을 휩쓸고 있는 이러한 풍조는 복음화되어야만 하겠다.
사도행전 2장 17절에서 마지막 날에
모든 육체에 부어주시겠다고 하신 약속을 기억해 보자.
자녀들과 젊은이들이 꿈을 꾸고 환상을 보는 영적 신앙 운동이

---

7) 자본주의 사회에서 자기 노동력을 자본가에 팔아 생활하는 노동자. 임금 노동자.

하나님의 봄이 오면 공산당의 가을이 온다.
이 예수의 혁명이야말로 마르크스 혁명이 바닥나고
이데올로기와 신들이 모조리 사망한, 역사와 인간의 제로점에서
인류 전체에게 소망을 줄 혁명이다.

수십만의 우리 젊은이들에게 일어나야 한다.
영적 4·19 사건이나 영적 3·1 운동, 영적 8·15 해방과 같은
감격적인 폭발이 일어나 그들의 정신적 기상도가 바뀌고
새로운 성령의 계절이 오도록 해야 한다.
영적 폭풍, 영적 지진, 영적 폭발이 일어나야 하겠다.
민족복음화운동을 위한 힘의 에너지화와 폭발이 일어나야 한다.
일정 기간에, 일정한 장소에, 일정한 목적을 가지고
한 민족이 가진 자원인 사람, 시간, 재정, 믿음, 사랑, 단결 등을 총동원하고
총집중시켜 동시에 폭발시키면 그것은 어마어마한 큰 파장을 일으켜
제2, 제3의 연쇄 폭발로 이어질 것이다.
역학의 원리는 뭉칠수록, 가속화할수록 큰 힘을 낸다는 것이다.
3백만의 그리스도인은 무한한 잠재적 가능성을 가졌으나
조직되고, 집약되고, 전략화되고, 에너지화가 못 된 원자재로 남아 있다.
이들에게 EXPLO'74와 같은 계기를 부여하여[8]
도덕적으로 영적으로 폭발점을 만들어 준다면 짧은 시일 안에
세계 정신사에 최대의 기적을 만들어 낼 수가 있을 것이다.

하나님의 봄이 오면 공산당의 가을이 온다.
이 예수의 혁명이야말로 마르크스 혁명이 바닥나고
이데올로기와 신들이 모조리 사망한, 역사와 인간의 제로점에서
인류 전체에게 소망을 줄 혁명이다.
민족의 가슴마다 그리스도를 심어 이 땅에 성령의 계절이 오게 하자.
이 힘이 우리 민족을 입체적으로 구원할 수 있을 것이다.

---

[8] 1974년에 여의도 광장에서 5박 6일 동안 323,419명이 참여한 전도합숙훈련. 이처럼 32만 명 넘는 인원이 합숙하며 전도훈련을 받은 것은 기독교 역사상 일찍이 한 번도 없었던 일이다.

집회 역학의 영적 폭발(모임의 역학, 뭉침의 역학, 운동 역학의 폭발)이
일어나야 한다.
"모이기를 폐하는 어떤 사람들의 습관과 같이 하지 말고
오직 권하여 그 날이 가까움을 볼수록 더욱 그리하자"(히 10:25)
"너희는 시온에서 나팔을 불어 거룩한 금식일을 정하고 성회를 소집하라
백성을 모아 그 모임을 거룩하게 하고 장로들을 모으며
어린이와 젖 먹는 자를 모으며 신랑을 그 방에서 나오게 하며
신부도 그 신방에서 나오게 하고"(욜 2:15~16)
"수치를 모르는 백성아 모일지어다 모일지어다"(습 2:1)
"온 이스라엘은 미스바로 모이라"(삼상 7:5)
"하나님이 자기의 백성을 판결하시려고 위 하늘과 아래 땅에 선포하여
이르시되 나의 성도들을 내 앞에 모으라 그들은 제사로 나와 언약한
이들이니라 하시도다"(시 50:4~5)
"오순절 날이 이미 이르매 그들이 다같이 한 곳에 모였더니"(행 2:1)
3,000명이 세례받던 날, 많은 사람이 모여 있었다(행 2:41).
5,000명이 예수님을 믿었다(행 4:4).

예수님은 회당, 성전 등 많은 모임에서 설교하시고
산상수훈, 오병이어의 기적을 행하시던 큰 모임에서도 설교하셨다.
바울은 아레오바고 언덕에서 아테네 시민을 상대로
많은 군중에게 전도했다(행 17:19~22).
설교를 듣고 조롱하는 자도 있었고 예수님을 믿은 사람도 있었다.
니느웨 성 백성은 거시적으로 금식하고 기도하며 회개했다(욘 3장).
수산 성에 있는 유대인은 다 모여 금식하고 기도했다(에 4:16).
웨슬리(John Wesley), 휫필드(George Whitefield), 피니(Charles Finney),
무디(D. L. Moody), 선데이(William Ashley Sunday), 빌리 그레이엄의

집회처럼 근세 기독교사의 대부흥 운동이 모이는 것에서 이루어졌다.
1907년 평양의 장로교 성령 폭발도 일주일간 모인 부흥 사경회 도중에
일어났다. 이는 한국 교회사의 오순절이라고 할 수 있다.
고기잡이를 할 때 개인 낚시에 비해
100척 어선이 물고기들을 몰아서 포위하고 투망으로 협력하며 잡는 것이
몇 백 배나 효과가 크다.
전쟁에서도 공동 전선[9], 연합 전략이 필요하다.
이처럼 전도를 할 때도 연합이 필요하다.
더 쪼갤 수 없이 갈라져 있는 개교회주의적 관념을 고쳐
전체 전도 전략의 단위, 본점 혹은 전투 사령부로 만들어라.
즉 교회마다 사랑방 모임, 이동 주일학교, 자연부락 성경학교,
이동 성경 교육반 등을 두어 전도의 영역과 깊이와 넓이를 확대시켜라.

위인들의 배후에는 반드시 믿음의 어머니가 있으며
훌륭한 민족에게는 사랑의 어머니들의 숨은 기도와 피나는 봉사가 있다.
영친운동이란 그리스도를 믿는 어머니들이 영적 고아가 되어
방황하고 있는 청소년들을 사랑의 아들로 삼는 결연운동이다.
즉 사랑의 아들 삼기 운동이다. 이는 사랑의 추적 전도로써
아이들이 믿어주지 않아도 끝까지 사랑의 추적과 육성을 하는 운동이다.
많은 어머니가 자기 자녀만 사랑하여 유명한 사람을 만들려다가
허영심을 심어 주고 이기심만을 길러 주어 사회악의 뿌리가 되어 가고 있다.
사랑은 나누어 줄수록 풍성하고 순수하게 된다.

---

9) 둘 이상의 단체나 나라가 공동의 목적이나 이익을 위해서 공동의 적을 상대하여 함께 대항하는 태도. 또는 그 조직.

믿음으로 사랑하고 눈물로 기도하는 영친운동이
하루속히 전개되어야 하며,
이를 통하여 우리 모두가 신앙의 공동체로
묶어져야 할 것이다.
2백만이나 되는 한국의 여성 중 1백만 명의 어머니가
대학생 20만 명, 고등학생 80만 명을 믿음의 아들딸로 삼아
3~4년만 기도해 주고 돌보아 준다면, 그들은 예수님과 핏줄이 통하고
교회와 젖줄이 통하게 될 것이다.
이러한 사랑의 새 물결이 한국 방방곡곡에서 일어남으로써
양심단지가 형성되고 믿음과 소망과 사랑의 영역이 확장될 것이다.
하나님의 나라가 번영되고 그리스도의 교회가 부흥할 것이다.

조국과 민족을 살리며 인류의 평화를 가져올 것이다.
믿음의 어머니들은 사랑과 기도의 어머니가 되어
매일 영적 자녀의 이름을 불러 기도하며 기회가 있는 대로 찾아가
예수 복음을 심고 예수 사랑을 전하라.
이뿐 아니라 성구 편지와 생일 카드, 축하 카드 등 정성이 담긴
사랑의 마음을 보내며 성경이나 신앙 소책자, 성경에 관한 책을 선물로
보내기도 하라.
식사에 초대하기도 하고 교회나 특별 집회에 참여하도록 인도하라.
냉수 한 그릇이나 눈물 한 방울이라도 관심을 갖고
만날 때마다 함께 기도하고 말씀을 가르치고 이야기를 나눔으로
믿음과 사랑을 심어 주라.
어머니들의 뜨거운 기도와 사랑으로 맺어진 믿음의 자녀들은
민족의 가슴마다 그리스도를 심는 위대한 증인들이 될 것이다.
신실한 하나님의 일꾼, 충성스런 그리스도의 제자가 될 것이다.

사랑의 영친운동은 우리 시대에 요구되는 인간 선언이며 사랑의 역사다.
모든 교회에서 어린이는 어린이, 학생은 학생, 장년은 장년으로
10명의 불신자 명단을 만들어 매일 기도하고,
주릴 때 내가 배고픔을 당해서라도 대신 먹이고,
병들었을 때 찾아보게 하자.
생일 카드나 크리스마스카드, 육성 및 격려 편지를 보내며,
경조사 때에 심방하는 것이 좋다.
또한, 집회 때 초대하며 꽃씨와 묘목 등을 나누어 주고
전도의 기회를 엿보아 4영리를 읽어 주고 성경을 가르치며
교회로 안내하자. 미소를 한 번이라도 던지며 관심을 갖고
냉수 한 그릇이라도 나누며 그리스도의 사랑으로 돌봐 주자.

순의 구조

생태학적인 식물이나 생물처럼 최초의 종순(種筍)이 자순(子筍)이나 손순(孫筍)의 질을 결정한다. 한국의 종순은 인위적인 것이 아니라 오랫동안 기도하는 중에 성령님에 의해서 만들어졌다. 순의 핵구조 원형은 다음과 같다.

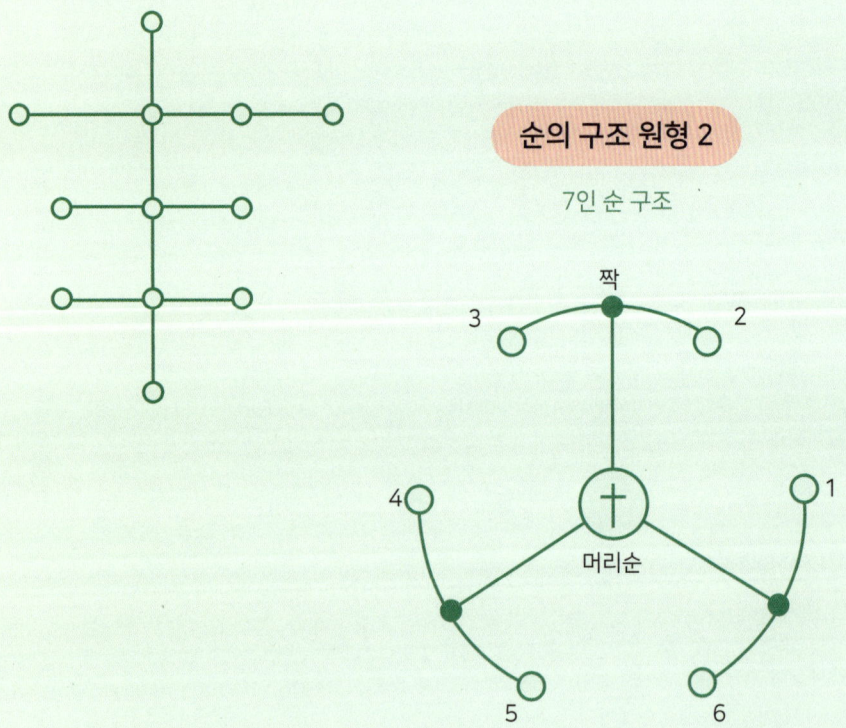

순의 구조 원형 1
세로 분열식

순의 구조 원형 2
7인 순 구조

순의 구조 원형 3

12인 순 구조(2,3인이 한짝)

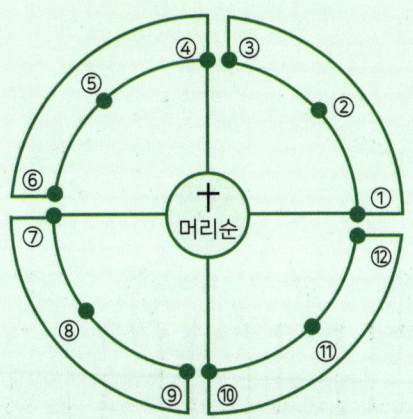

순의 구조 원형 4

7순 회원이 3차 번식해서 7인씩 7순이 되어 중순장 체계로 구조화된 것.

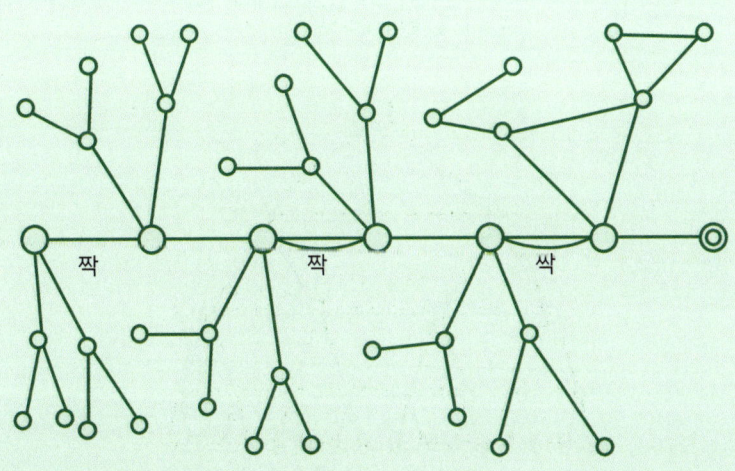

순의 구조 원형 5

50인 순 구조

순장이 2세대까지 12인을 돌볼 수 있음. 그러나 1세대 3인에게 2세대를 맡기는 것이 훨씬 효과적임. 12인, 즉 2세대까지 순장이 직손으로 키울 수 있음.

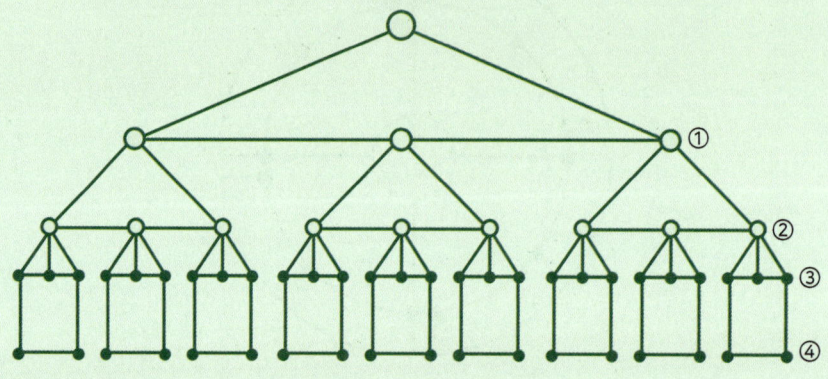

순의 구조 원형 6

30인을 네 순으로 키우는 경우

둘씩 둘씩 번식시킴. 한 사람이 둘만 책임짐. 2~3개월 안에 이런 상태로 번식함. 순장은 2세대까지 접촉할 수 있음. 6인을 직손으로 키움.

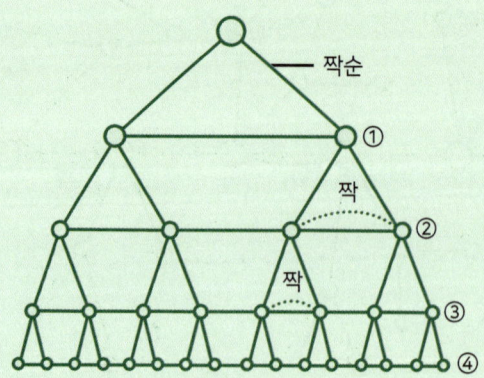

순의 구조 원형 7

1,000명 교인 순 구조(20개 중순, 2개 대순)

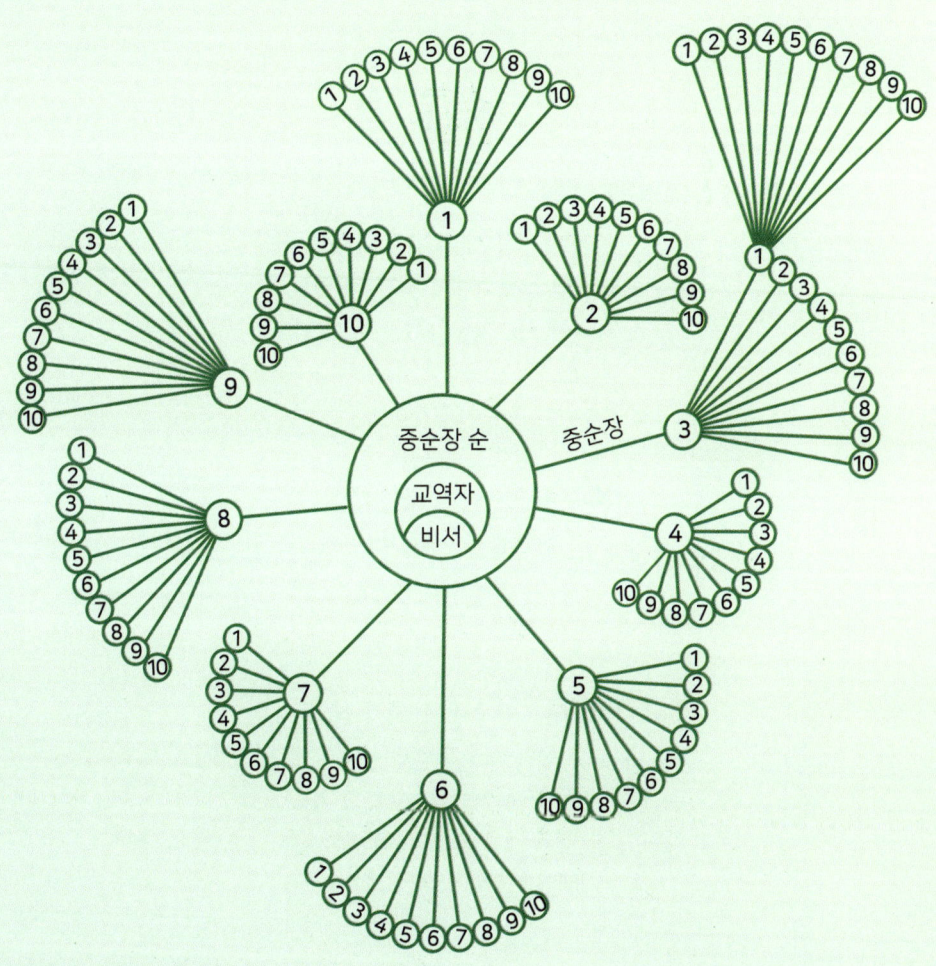

"순출판사는 주님의 지상명령 성취와
한국 교회를 섬기기 위한
CCC의 문서 사역을 감당하고 있습니다"

순론노트

1971년 9월 25일 초판 1쇄 발행
2023년 12월 26일 개정판 1쇄 발행
2025년 3월 28일 개정판 4쇄 발행

지은이 김준곤
발행처 순출판사
감수 문은미, 김문수, 최은석, 김혜빈
편집 문서출판부
디자인 김은숙
일러스트 권윤주

주소 서울시 종로구 백석동 1가길 2-8
전화 02-722-6931~2
인터넷 www.soonbook.co.kr
등록 제 2020-000159호
ISBN 978-89-389-0371-6

가격 6,000원

본 교재의 판권은 순출판사에 있습니다.
무단 전재와 복제를 금합니다.